Protiv takvih stvari nema zakona

Protiv takvih stvari nema zakona

Dr. Džerok Li

Protiv takvih stvari nema zakona autor **dr. Džerok Li**
Objavile Urim knjige (Predstavnik: Sungnam Vin)
73, Yeouidaebang-ro 22-gil, Dongjak-gu, Seul, Koreja
www.urimbooks.com

ISBN: 979-11-263-0581-0 03230

Prvo izdanje, фебруар 2020.

Prethodno objavljeno na Korejanskom u 2009-oj godini od strane Urim Knjige (Urim Books)

Uredio dr. Geumsun Vin
Dizajnirao urednički biro Urim Books
Štampa Prione Printing
Za više informacija molimo kontaktirajte: urimbook@hotmail.com

„A plod je duhovni ljubav, radost, mir,
strpljenje, dobrota, milost, vera, krotkost, uzdržanje;
protiv takvih stvari nema zakona."

Poslanica Galaćanima 5:22-23

Predgovor

Hrišćani dobijaju istinsku slobodu jer oni nose plodove Svetog Duha, protiv kojih ne postoji zakon.

Svako mora da prati pravila i propise u njihovim datim okolnostima. Ako oni osećaju da su takvi zakoni kao okovi koji ih vezuju, oni će se osećati opterećeno i bolno. I samo zato što se osećaju opterećeno ukoliko teže ka rasejanosti i neredu, to onda nije sloboda. Nakon što prepuste sebe takvim stvarima, oni će samo biti ostavljeni sa osećajem usamljenosti i na kraju će ih čekati večna smrt.

Prava sloboda je biti oslobođen od večne smrti i svih suza, žalosti i bola. Takođe je i kontrolisati prvobitnu prirodu u takvim stvarima i da se stekne moć da bi je pobedili. Bog ljubavi ne želi od nas da mi patimo na bilo koji način, i iz ovog razloga On je zapisao u Bibliji način na koji ćemo uživati u večnom životu i pravoj slobodi.

Kriminalci ili oni koji su prekršili zakon u državi će biti nervozni ako vide policijske oficire. Ali oni koji koji poštuju zakon veoma dobro ne moraju tako da se osećaju, već umesto toga oni uvek mogu da pitaju policajca za pomoć i osećaće se bezbednije sa policajcima.

Na isti način, oni koji žive u istini ne plaše se ničega i oni uživaju u pravoj slobodi, zato što razumeju da je zakon Božji hodnici ka blagoslovima. Oni mogu da uživaju u slobodi kao kitovi koji plivaju okolo u okeanu ili orlovi koji lete na nebu.

Zakon Božji može široko biti kategorizovan u četiri stvari. On nam govori da činimo, da ne činimo i da odbacimo određene stvari. Kako dani prolaze zemlja je sve više obojena grehovima i zlobom, i iz ovog razloga sve više ljudi se oseća teško zbog zakona Božjeg i ne pridržavaju se njega. Ljudi Izraela za vreme Starog Zaveta su patili veoma mnogo zato što se nisu pridržavali Mojsijevog Zakona.

Tako da, Bog je poslao Isusa na ovu zemlju da svakoga oslobodi od prokletstva Zakona. Bezgrešan Isus je umro na krstu, i svako ko veruje u Njega može biti spašen kroz veru. Kada ljudi dobiju dar Svetog Duha prihvatanjem Isusa Hrista, oni postaju deca Božja, i oni takođe mogu da nose plodove Svetog Duha pod vođstvom

Svetog Duha.

Kada Sveti Duh dođe u naša srca, On nam pomaže da razumemo duboke stvari Božje i da živimo po Reči Božjoj. Na primer, kada postoji neko ko ne može zaista da oprosti, On nas podseća na praštanje i na ljubav Gospoda i pomaže nam da oprostimo toj osobi. Onda, mi možemo brzo da odbacimo zlo iz našeg srca i da ga zamenimo sa dobrotom i ljubavi. Na ovaj način, kako mi nosimo plodove Svetog Duha kroz vođstvo Svetog Duha, mi ne samo da ćemo uživati u istini već ćemo takođe i dobiti prekomernu ljubavi i blagoslove od Boga.

Kroz plodove Svetog Duha, mi možemo da proverimo sebe kolko smo posvećeni i koliko blizu možemo da stignemo do prestola, i koliko smo kultivisali srce Gospoda koji je naš mladoženja. Što više plodova Svetog Duha nosimo, time ćemo na svetlije i lepše nebesko mesto boravka moći da uđemo. Kako bi mogli da uđemo na Nebu u Novi Jerusalim, mi moramo da u potpunosti i lepo odgajimo sve plodove, a ne samo poneke plodove.

Ovo delo *Protiv takvih stvari nema zakona,* dozvoljava vam da lako razumete duhovno značenje devet plodova Svetog Duha zajedno sa određenim primerima. Zajedno sa duhovnom ljubavlju u 1. Poslanici Korinćanima 13 i blaženstvima u Jevanđelju po Mateju 5, plodovi Svetog Duha su putokazi koji nas vode ka ispravnoj veri. Oni će nas voditi sve dok ne dostignemo konačno odredište naše vere, Novi Jerusalim.

Ja odajem zahvalnost Geumsun Vin, direktorki uredničkog biroa i osoblju, i molim se u ime Gospoda da ćete vi uskoro nositi devet plodova Svetog Duha kroz ovu knjiga, tako da vi možete da uživate u pravoj istini i postanete stanovnik Novog Jerusalima.

Džerok Li

Uvod

Putokaz na našem putovanju u veri ka Novom Jerusalimu na Nebu

Svako je zauzet u ovom modernom svetu. Oni rade i znoje se da bi posedovali i uživali u mnogim stvarima. A ipak neki ljudi još uvek imaju životne ciljeve uprkos trendovima na ovoj zemlji, ali čak i ovi ljudi s vremena na vreme pitaju se da li oni žive prikladnim životom. Onda će se oni možda osvrnuti na svoj život u tom momentu. Na našem putovanju u veri, mi možemo da imamo brz rast i da idemo prečicama do kraljevstva neba kada sebe proverimo sa Reči Božjom.

Poglavlje 1, „Gajiti plodove Svetog Duha", objašnjava o Svetom Duhu koji oživljava mrtvi duh, koji je postao mrtav kroz Adamov greh. Ono nam govorimo da mi možemo da u izobilju gajimo plodove Svetog Duha kada pratimo želje Svetog Duha.

Poglavlje 2, „Ljubav" nam govori šta je prvi plod Svetog Duha „ljubav." Ono takođe pokazuje neke izmenjene oblike ljubavi još od Adamovog propadanja, i daje nam način da kultivišemo našu ljubav koja udovoljava Bogu.

Poglavlje 3, „Radost" govori da je radost glavna odlika sa kojom mi možemo da proverimo da li je naša vera prikladna i objašnjava razlog zašto smo mi izgubili radost prve ljubavi. Ono nas informiše o tri načina gajenja plodova, sa kojima mi možemo da se radujemo i da nam bude drago u bilo kojim okolnostima i situacijama.

Poglavlje 4, „Mir" potvrđuje da je veoma bitno razbiti zidove grehova da bi imali mir sa Bogom, i da mi moramo da održimo mir sa nama kao takođe i sa drugima. Ono nam takođe dozvoljava da razumemo važnost u izgovaranju dobrih reči i razmišljanju iz ugla drugih u procesu stvaranja mira.

Poglavlje 5, „Strpljenje" objašnjava da pravo trpljenje nije da bi potisli loša osećanja već da budemo trpeljivi sa dobrim srcem koje je oslobođeno od zla, i da ćemo dobiti velike blagoslove kada imamo pravi mir. Ono se takođe deli na tri vrste strpljivosti: strpljivost da promenimo nečije srce; strpljivost sa ljudima;

strpljivost u vezi sa Bogom.

Poglavlje 6, „Dobrota" nas uči koja vrsta osobe ima dobrotu sa primerom dobrote Gospoda. Gledajući u osobine dobrote, ono nam takođe govori razliku u „ljubavi." Na kraju, pokazuje nam put kroz koji ćemo dobiti ljubav Božju i blagoslove.

Poglavlje 7, „Milost" nam govori o srcu dobrote sa primerom Gospoda koji nije se bunio niti plakao; niti je slomio trsku na pretučenima niti je ugasio fitilj koji je tinjao. Ono takođe razlikuje dobrotu od drugih plodova kako bi mi mogli da gajimo plodove dobrote i odajemo miris Hrista.

Poglavlje 8, „Vera" uči nas o vrsti blagoslova koje smo mi dobili kada smo verni u celoj Božjoj kući. Sa primerima Mojsija i Josifa, ono nam dozvoljava da razumemo koja vrsta osobe je odgajila plod vernosti.

Poglavlje 9, „Krotkost" objašnjava značenje krotkosti iz

pogleda Božjeg i opisuje osobine onih koji gaje plodove krotkosti. Ono nam ukazuje ilustraciju četiri vrste polja kako bi mogli da gajimo plodove krotkosti. Na kraju nam govori o blagoslovima zbog krotkosti.

Poglavlje 10, „Uzdržanje“ demonstrira razlog zašto je uzdržanje nazvano kao poslednji plod devet plodova Svetog Duha kao i važnost uzdržanja. Plod uzdržanja je neminovna stvar, koja uvežbava kontrolu nad svim drugim osam podova Svetog Duha.

Poglavlje 11, „Protiv takvih stvari nema zakona“ je zaključak ove knjige, koji nam pomaže da razumemo važnost u praćenju Svetog Duha, i želja da će svi čitaoci postati veoma brzo ljudi od celog duha pomoću Svetog Duha.

Mi ne možemo da kažemo da imamo veliku veru zato što smo dugo vremena verovali ili samo zato što imamo razvijeno znanje Biblije. Mera vere se razlikuje do mere do koje smo mi promenili naše srce u srce istine i koliko smo mnogo kultivisali srce Gospoda.

Ja se nadam da će svi čitaoci moći da provere njihovu veru i da će obilno gajiti devet plodova Svetog Duha pod vođstvom Svetog Duha.

Geumsun Vin
Direktorka Izdavačkog biroa

Poslanica Galaćanima 5:16-21

„Velim pak: po duhu hodite, i želja telesnih ne izvršujte. Jer meso želi protiv duha, a duh protiv mesa; a ovo se protivi jedno drugom, da ne činite ono šta hoćete. Ako li vas duh vodi, niste pod zakonom. A poznata su dela mesa, koja su: preljubočinstvo, kurvarstvo, nečistota, besramnost, idolopoklonstvo, čaranja, neprijateljstva, svađe, pakosti, srdnje, prkosi, raspre, sablazni, jeresi, zavisti, ubistva, pijanstva, žderanja, i ostala ovakva za koja vam napred kazujem kao što i kazah napred, da oni koji tako čine neće naslediti carstvo Božije.".

Poglavlje 1

Gajiti plodove Svetog Duha

Sveti Duh oživljava mrtvi duh

Gajiti plodove Svetog Duha

Želje Svetog Duha i želje mesa

Nemojmo izgubiti srce kada činimo dobro

Gajiti plodove Svetog Duha

Kada bi vozači vozili niz čist autoput oni bi imali osećaj da je to vrsta osveženja. Ali ako voze kroz tu oblast po prvi put, oni će morati da obrate posebnu pažnju i da budu oprezni. Ali šta ako imaju sistem za navigaciju GPS u njihovim kolima? Oni mogu da imaju detaljni pregled informacija o putu i pravu putanju, tako da oni mogu da stignu do njihove destinacije a da se ne izgube.

Naše putovanje u veri ka nebeskom kraljevstvu je veoma slično. Za one koji veruju u Boga i žive po Njegovoj Reči, Sveti Duh ih štiti i vodi ih napred da bi oni izbegli mnoge prepreke i životne nevolje. Sveti Duh nas vodi do kraćih i lakših puteva do naše destinacije, kraljevstva neba.

Sveti Duh oživljava mrtvi duh

Prvi čovek Adam, bio je živi duh kada ga je Bog oblikovao i udahnuo dah života u njegove nozdrve. „Dah života" je „moć sadržana u pravoj svetlosti" i prenešena je na Adamova pokolenja dok su oni živeli u Edenskom vrtu.

Međutim, kada su Adam i Eva počinili greh neposlušnosti i kada su bili odbačeni na ovu zemlju, stvari nisu bile više iste. Bog je oduzeo većinu daha života od Adama i Eve i ostavio je samo trag o tome, a to je „seme života." I ovo seme života ne može biti prenešeno od Adama i Eve na njihovu decu.

Tako da, u šestom mesecu trudnoće, Bog stavlja seme života u duh bebe i sadi ga u centar ćelije koja je u srcu, što je centralni deo ljudskog bića. U slučaju onih koji nisu prihvatili Isusa Hrista, seme života ostaje neaktivno baš i kao seme koje je prekriveno teškim granama. Mi kažemo da je duh mrtav kada je seme života neaktivno. Dokle god duh ostaje mrtav jedinka ne može niti da dostigne večni život niti da ode u nebesko kraljevstvo.

Još od Adamove propasti, sva ljudska bića su osuđena na smrt. Da bi oni dostigli večni život, njima treba da bude oprošteno od njihovih grehova, što je pravi uzrok smrti, i njihov mrtvi duh treba da oživi. Iz ovog razloga Bog ljubavi je poslao Njegovog jednorođenog Sina Isusa na ovu zemlju kao milosnu žrtvu i otvorio je put spasenja. Naime, Isus je uzeo sve grehove celokupnog ljudstva i umro je na krstu da bi oživeo naš mrtvi duh. On je postao put, istina i život da bi celo ljudstvo moglo da dobije večni život.

Prema tome, kada mi prihvatimo Isusa Hrista kao našeg ličnog Spasitelja, naši grehovi su oprošteni; mi postajemo Božja deca i dobijamo dar Svetog Duha. Sa moći Svetog Duha, seme života koje je bilo pokriveno teškim granama, budi se i postaje aktivno. Ovo je kada je mrtav duh oživljen. O ovome Jevanđelje po Jovanu 3-6 govori: „*...a šta je rođeno od Duha, duh je.*“ Seme koje je počelo da klija može samo da raste ako je snadbeveno sa vodom i sunčevim zracima. Na isti način, seme života mora biti snadbeveno sa duhovnom vodom i svetlom kako bi moglo da raste nakon što klija. Naime,da bi mogli da učinimo da naš duh raste, mi moramo da naučimo Reč Božju, što je duhovna voda, i moramo da činimo sa Rečju Božjom, što je duhovna svetlost.

Sveti Duh koji je ušao u naša srca dozvoljava nam da znamo o grehu, pravednosti i osudi. On nam pomaže da odbacimo grehove i bezakonje i da živimo u pravednosti. On nam daje moć kako bi mogli da razmišljamo, govorimo, i da činimo u istini. On nam takođe pomaže da vodimo život u veri imajući veru i nadu za nebeskim kraljevstvom, kako bi naš duh mogao veoma dobro da raste. Dozvolite mi da vam navedem jedan primer kako bi bolje razumeli.

Pretpostavimo da postoji dete koje je odrastalo u veoma srećnoj porodici. Jednog dana se popeo na planinu i sa gledao je na predeo i uzvikivao je: „Juhuu!“ Ali onda, neko mu je odgovorio na isti način: „Juhuu!“ Iznenađen, dečak je pitao: „Ko si ti?“ a drugi je odgovarao nakon njega. Dečak se naljutio jer ga je ta osoba imitirala, i on je rekao: „Da li vi pokušavate da započnete svađu samnom?“ i iste reči su mu bile uzvraćene. On je odjednom osetio da ga neko posmatra i uplašio se.

On je brzo sišao sa planine i rekao svojoj majci o ovome. On je rekao: „Mama, postoji zaista loš čovek na planini.“ Ali je njegova majka sa blagim osmehom odgovorila: „Ja mislim da je taj dečak u planinama veoma dobar dečak, i on može da ti bude prijatelj. Zašto se ne vratiš tamo na planinu ponovo sutra i kažeš da ti je žao?“ Sledećeg jutra dečak se popeo na vrh planine ponovo i vikao je i sveg glasa: „Žao mi je za juče! Zašto mi ti ne budeš prijatelj?“ Isti odgovor se vratio.

I majka je pustila sina da shvati da je to on sam. I Sveti Duh nam pomaže u našem putovanju u veri kao i brižna majka.

Gajiti plodove Svetog Duha

Kada je seme posejano, ono klija, raste i cveta i posle cvetanja, na dalje, dolazi ishod, voće. Slično tome, kada je u nama zasađeno seme života Boga klija preko Svetog Duha, ono se razvija i nosi plodove Svetog Duha. Ipak, ne nosi svako ko je dobio Sveti duh plod Svetog Duha. Jedino kada pratimo uputstva Svetog Duha, možemo nositi plod Svetog Duha.

Sveti Duh se može uporediti sa generatorom struje. Struja će se proizvoditi kada generator radi. Ako je generator povezan sa sijalicom i isporučuje struju, sijalica će svetleti. Kada postoji svetlost, tama odlazi. U istom smislu, kada Sveti Duh deluje u nama, tama iz nas odlazi jer svetlost dolazi u naše srce. Tada, mi možemo gajiti plodove Svetog Duha.

Inače, ovde postoji jedna važna stvar. Da bi sijalica svetlela, samo povezivanje sa generatorom neće učiniti ništa. Neko mora da pokrene generator. Bog nam je dao generator koji se zove Sveti Duh i mi smo ti koji treba pokrenuti generaotor, Sveti Duh.

Da bi pokrenuli generator Svetog Duha, moramo biti na oprezu i moliti se usrdno. Takođe moramo poslušati uputstvo Svetog Duha i pratiti istinu. Kada pratimo uputstvo i insistiranje Svetog Duha, mi kažemo da pratimo želje Svetog Duha. Bićemo puni Svetog Duha kada marljivo pratimo želje Svetog Duha i, kada tako radimo, naša srca će se menjati sa istinom. Mi ćemo gajiti plodove Svetog Duha, kako dobijamo ispunjenje Svetog Duha.

Kada odbacimo sve grešne prirode iz našeg srca i negujemo srce duha uz pomoć Svetoga Duha, plodovi Svetog Duha počinju da pokazuju svoje oblike. Ali, baš kao što su brzine sazrevanja i veličine grožđa u istom grozdu različiti, neki plodovi Svetog Duha mogu biti potpuno zreli, dok ostali plodovi Duha Svetoga nisu. Jedan je možda više negovao plod ljubavi, zato njegov plod samokontrole nije dovoljno sazreo. Ili, nečiji plod vernosti je potpuno zreo, dok njegov plod nežnosti nije.

Ipak, kako vreme prolazi, svako zrno će potpuno sazreti, a ceo grozd će biti pun velikih, tamno ljubičastih zrnevlja grožđa. Slično, ako u potpunosti nosimo sve plodove Svetog Duha, to znači da smo postali čovek celog duha, koga Bog veoma želi da dobije. Takvi ljudi će izneti miris Hrista u svakom aspektu svog života. Oni će jasno čuti glas Svetoga Duha i manifestvovaće moć Svetoga Duha dajući slavu Bogu. Pošto su potpuno nalik Bogu, biće im date kvalifikacije za ulazak u Novi Jerusalim, gde je presto Božji.

Želje Svetog Duha i želje mesa

Kada pokušavamo da pratimo želje Svetog Duha, postoji još jedna vrsta želje koja nas uznemirava. To je želja mesa. Želje mesa prate neistine, koje su suprotne od Božje Reči. One čine da uzimamo stvari kao što su požuda mesa, požuda očiju i razmetljiv ponos života. Takođe nam dozvoljavaju da počinimo grehove i izvedemo nepravde i bezakonja.

Nedavno, kod mene je došao čovek tražeći da se molim za njega da bi on prestao da gleda sramotne materijale. On je rekao, kada je prvi put počeo da gleda te stvari, to nije bilo da bi uživao u njima, već da bi razumeo kako takve stvari utiču na ljude. Ali nakon što je odgledao jednom, konstantno se prisećao tih scena i želeo je ponovo da ih gleda. Ali unutar, Sveti Duh ga je opominjao da to ne radi i on je osećao nemir.

U ovom slučaju, njegovo srce je bilo uznemireno kroz požude očiju, odnosno stvari koje je video i čuo kroz njegove oči i uši. Ako ne odsečemo ovu požudu mesa, već je prihvatimo, mi ćemo uskoro uzeti neistinite stvari dva, tri i četiri puta i broj će nastaviti da se povećava.

Zbog toga nam se u Galaćanima 5:16-18 govori: „*Velim pak: po duhu hodite, i želja telesnih ne izvršujte. Jer telo želi protiv duha, a duh protiv tela; a ovo se protivi jedno drugom, da ne činite ono šta hoćete. Ako li vas duh vodi, niste pod zakonom.*“ S jedne strane, kada pratimo želje Svetoga Duha, imamo mir u našem srcu i biće nam drago, jer se Sveti Duh raduje. S druge strane, ako pratimo želje mesa, naša srca će biti nemirna, jer Sveti Duh u nama žali. Takođe, izgubićemo punoću Duha, tako da će postajati sve više teže pratiti želje Duha Svetoga.

Pavle je govorio o ovome u Poslanici Rimljanima 7:22-24: „*Jer imam radost u zakonu Božijem po unutrašnjem čoveku, ali vidim drugi zakon u udima svojim, koji se suproti zakonu uma mog, i zarobljava me zakonom greha koji je u udima mojim. Ja nesrećni čovek! Ko će me izbaviti od tela smrti ove?*“ Prema tome da li pratimo želje Svetog Duha ili one želje mesa, možemo postati ili Božija deca koja su spašena ili deca tame koja biraju put smrti.

Poslanica Galaćanima 6:8 kaže: „*Jer koji seje u telo svoje, od tela će požnjeti pogibao; a koji seje u duh, od duha će požnjeti život večni.*“ Ako pratimo želje mesa, bićemo posvećeni samo delima mesa, koje su gresi i bezakonja, i na kraju nećemo ući u Carstvo nebesko (Poslanica Galaćanima 5:19-21). Ali ako pratimo želje Svetog Duha, uzgajićemo devet plodova Svetog Duha (Poslanica Galaćanima 5:22-23).

Nemojmo izgubiti srce kada činimo dobro

Uzgajajući plod Duha postajemo prava deca Božja u onoj meri u kojoj delujemo sa verom, sledeći Sveti Duh. U ljudskom srcu, ipak, postoji srce istine i srce neistine. Srce istine nas vodi sledeći želje Svetog Duha i življenju po Reči Gospodnjoj. Srce neistine čini da pratimo želje mesa i život u tami.

Na primer, držati se svetosti Gospodnjeg dana je jedna od deset zapovesti koje Božja deca moraju poštovati. Ali vernik koji drži prodavnicu i ima slabu veru može imati sukob u svom srcu misleći da će izgubiti svoj profit kada zatvara svoju radnju nedeljom. Ovde, želje mesa će ga naterati da misli: „Kako bi bilo zatvoriti radnju svake druge nedelje? Ili kako bi bilo da ja prisustvujem jutarnjoj nedeljnoj službi a moja žena da prisustvuje večernjim službama da se zamenimo u smenama u prodavnici?" Ali želje Svetog Duha će mu pomoći da se povinuje Reči Božjoj davajući mu razumevanje kao što je: „Ako ja održavam Božji dan svetim, Bog će mi dati veću zaradu onda kada ja otvaram radnju nedeljom."

Sveti Duh pomaže u našim slabostima i posreduje za nas neizrecivim suviše dubokim za reči (Poslanica Rimljanima 8:26). Kada mi praktikujemo istinu prateći ovu pomoć Svetog Duha, mi ćemo imati mir u našim srcima i naša vera će rasti dan za danom.

Reč Božja zapisana u Bibliji je istina koja se nikada ne menja; to je sama dobrota. Ona daje večni život Božjoj deci i ona je svetlost koja ih vodi ka uživanju u večnoj radosti i sreći. Božja deca koja su vođena Svetim Duhom treba da razapnu meso zajedno sa svojim strastima i željama. Oni treba takođe da prate želje Svetog Duha u skladu sa Rečju Božjom i da ne izgube srce kada čine dobra dela.

Jevanđelje po Mateju 12:35 govori: „*Dobar čovek iz dobre kleti iznosi dobro; a zao čovek iz zle kleti iznosi zlo.*“ Tako da, mi mora da odbacimo zlo iz naših srca moleći se revnosno i da skladištimo dobra dela.

I Poslanica Galaćanima 5:13-15 govori: „*Jer ste vi, braćo, na slobodu pozvani: samo da vaša sloboda ne bude na želju telesnu, nego iz ljubavi služite jedan drugom. Jer se sav zakon izvršuje u jednoj reči, to jest: Ljubi bližnjeg svog kao sebe. Ali ako se među sobom koljete i jedete, gledajte da jedan drugog ne istrebite,*“ a u Poslanici Galaćanima 6:1-2 čitamo: „*Braćo! Ako i upadne čovek u kakav greh, vi duhovni ispravljajte takvoga duhom krotosti, čuvajući sebe da i ti ne budeš iskušan. Nosite bremena jedan drugog, i tako ćete ispuniti zakon Hristov.*“

Kada mi pratimo takve Reči Božje kao što je gore navedeno, mi možemo da nosimo voće Svetog Duha u izobilju i da postanemo čovek od duha i celog duha. Onda, mi ćemo dobiti sve što potražimo u našim molitvama i možemo da uđemo u Novi Jerusalim u večnom kraljevstvu neba.

1. Poslanica po Jovanu 4:7-8

„Ljubazni, da ljubimo jedan drugog, jer je ljubav od Boga;

i svaki koji ima ljubav od Boga je rođen i poznaje Boga.

A koji nema ljubavi ne pozna Boga, jer je Bog ljubav.“

Poglavlje 2

Ljubav

Najviši nivo duhovne ljubavi

Telesna ljubav se vremenom menja

Duhovna ljubav daje pojedincu sopstveni život

Iskrena ljubav prema Bogu

Da bi se odgajio plod ljubavi

Ljubav

Ljubav je mnogo moćnija nego što ljudi mogu da zamisle. Sa moći ljubavi, mi možemo da spasimo one koji su inače zaboravljeni od Boga i idu ka putu smrti. Ljubav može njima da da novu snagu i ohrabrenje. Ako mi prikrijemo greške drugih ljudi sa moći ljubavi, neverovatne promene će zauzeti mesto i veliki blagoslovi će biti dati, zato što Božja dela poseduju dobrotu, ljubav, istinu i pravdu.

Određeni sociološki istraživački tim je uradio studiju nad 200 studenata, koji su bili u siromašnom okruženju u gradu Baltimoru. Ovaj tim je zaključio da ovi studenti imaju malo šanse i malo nade u uspehu. Ali oni su pratili istraživanje nad istim studentima 25 godina kasnije, i rezultati su bili neverovatni. 176 od 200 postali su uspešni pojedinci kao advokati, doktori, propovedači ili biznismeni. Naravno istraživači si ih pitali kako su uspeli da prevaziđu takvo siromašno okruženje u kojem su bili i oni su svi spomenuli ime određenog učitelja. Ovaj učitelj je bio upitan kako je mogao da izvede tako neverovatnu promenu a on je odgovorio: „Ja sam ih samo voleo i oni su to samo znali."

Sada, šta je ljubav, prvi od devet plodova Svetog Duha?

Najviši nivo duhovne ljubavi

Uopšteno ljubav može biti kategorisana u telesnu ljubav i duhovnu ljubav. Telesna ljubav teži na sopstvenoj koristi pojedinca. To je besmislena ljubav koja će se promeniti kako vreme prolazi. Duhovna ljubav, međutim teži korist drugih i ona se nikada ne menja u bilo kojoj situaciji. 1. Poslanica Korinćanima

13 objašnjava o ovoj duhovnoj ljubavi do detalja.

„Ljubav dugo trpi, milokrvna je; ljubav ne zavidi; ljubav se ne veliča, ne nadima se; ne čini šta ne valja, ne traži svoje, ne srdi se, ne misli o zlu, ne raduje se nepravdi, a raduje se istini; sve snosi, sve veruje, svemu se nada, sve trpi" (stihovi 4-7).

Kako se onda voće ljubavi u Poslanici Galaćanima 5 i duhovna ljubav u 1. Poslanici Korinćanima razlikuju? Ljubav kao voće Svetog Duha uključuje požrtvovanu ljubav sa kojom pojedinac može da da sopstveni život. To je ljubav koja je na većem nivou od ljubavi u 1. Poslanici Korinćanima 13. To je najviši nivo duhovne ljubavi.

Ako mi nosimo plod ljubavi i možemo da žrtvujemo naš život za druge, onda mi možemo da volimo sve i svakoga. Bog nas voli sa svime i Gospod nas voli sa celim Njegovim životom. Ako mi imamo ovu ljubav u nama, mi možemo da žrtvujemo naše živote za Boga, Njegovo kraljevstvo i Njegovu pravednost. Šta više, zato što volimo Boga, mi takođe možemo da imamo najviši nivo ljubavi u davanju naših života ne samo za drugu braću već i za naše neprijatelje koji nas mrze.

1. Jovanova Poslanica 4:20-21 govori: *„Ako ko reče: 'Ja volim Boga', a mrzi svog brata, lažov je; jer koji ne voli brata svog, koga vidi, ne može voleti Boga koga nije video. I ovu zapovest imamo od Njega: Koji ljubi Boga da ljubi i brata svog."* Prema tome, ako mi volimo Boga, mi ćemo voleti svakoga. Ako mi kažemo da volimo Boga dok mrzimo nekoga, to je laž.

Telesna ljubav se vremenom menja

Kada je Bog stvorio prvog čoveka Adama, Bog je voleo njega sa duhovnom ljubavi. On je stvorio prelepi vrt prema istoku, u Edenu i dozvolio mu da živi tamo i da mu ništa ne nedostaje. Bog je šetao sa njim. Bog mu je dao ne samo Edenski vrt, koji je bio savršeno mesto za život, već takođe i vlast da ukroti i da vlada takođe i nad svim stvarima na ovoj zemlji.

Bog je dao Adamu preobilnu duhovnu ljubav. Ali, Adam nije baš mogao da oseti Božju ljubav. Adam nikada nije iskusio mržnju ili telesnu ljubav koja se menja, tako da on nije shvatio koliko je dragocena Božja ljubav. Nakon što je mnogo, mnogo vremena prolazilo, Adam je bio uhvaćen od zmije otrovnice i nje se pokorio Reči Božjoj. On je jeo voće koje je Bog zabranio (Postanak 2:17; 3:1-6).

Kao ishod, greh je ušao u Adamovo srce i on je postao čovek od mesa koji nije više mogao da komunicira sa Bogom. Bog nije mogao da ga ostavi da živi više u Edenskom vrtu i on je bio izbačen na ovu zemlju. Dok su išli kroz ljudsku kultivaciju (Postanak 3:23), sva ljudska bića koja su Adamova pokolenja spoznala su relativna iskustva koja su suprotne stvari od poznate ljubavi u Edenu, kao što je mržnja, ljutnja, bol, žalost, bolest i nepravda. U međuvremenu oni su sve više postali udaljeniji od duhovne ljubavi. Kako su se njihova srca promenila u telesna srca kroz grehove njihova ljubav je postala telesna ljubav.

Toliko mnogo vremena je prošlo od Adamove propasti i danas je čak i još teže naći duhovnu ljubav na ovoj zemlji. Ljudi izražavaju njihovu ljubav na različite načine, ali njihova ljubav je samo telesna ljubav koja se vremenom menja. Kako vreme prolazi i kako se situacije i uslovi menjaju, oni menjaju njihove misli i izdaju svoje voljene prateći sopstvenu korist. Oni takođe daju samo kada drugi prvi pružaju ili kada imaju koristi u davanju. Ako želite da dobijete natrag onoliko koliko ste pružili, ili ako se razočarate ako vam drugi ne uzvrate ono što želite ili što ste očekivali, to je takođe telesna ljubav.

Kada čovek i žena izlaze zajedno, oni će možda reći da „će voleti jedno drugog zauvek" i da oni „neće moći da žive jedan bez drugoga." Međutim, u mnogim slučajevima oni menjaju svoja mišljenja nakon što se venčavaju. Kako vreme ide, oni počinju da vide nešto što ne vole kod svojih supružnika. U prošlosti, sve je izgledalo dobro i oni su pokušavali da udovolje drugoj osobi u svim stvarima, ali to više ne mogu da rade. Oni se mrgode ili otežavaju vreme jedan drugome. Oni će se čak i uznemiriti ako njihov supružnik ne uradi ono što su oni želeli. Samo nekoliko decenija ranije, razvod je bio veoma retka pojava, ali sada do razvoda se lako dolazi i odmah nakon razvoda čini se da se mnogi ponovo udaju za nekoga drugoga. A ipak, oni govore svaki put da vole drugu osobu iskreno. To je tipično za telesnu ljubav.

Ljubav između roditelja i dece nije mnogo drugačija. Naravno, neki roditelji bi dali čak i njihov život za svoju decu, ali čak iako to urade to nije duhovna ljubav ako daju takvu ljubav samo njihovoj deci. Ako mi imamo duhovnu ljubav, mi možemo da damo takvu ljubav ne samo našoj sopstvenoj deci već svakome. Ali kako zemlja postaje sve više zlobnija, retkost je pronaći roditelje koji mogu da žrtvuju svoje živote čak i za njihovu sopstvenu decu. Mnogi roditelji i deca imaju mržnju zbog materijalne koristi ili za vreme neslaganja u mišljenjima.

Šta je sa ljubavi između rođaka ili prijatelja? Mnoga braća postaju kao neprijatelji ako se umešaju u neka novčana pitanja. Ista stvar se događa mnogo češće između prijatelja. Oni vole jedni druge kada su stvari dobre i kada se slažu u nečemu. Ali njihova ljubav može da se promeni u bilo koje vreme ako stvari postanu drugačije. Takođe, u većini slučajeva, ljudi žele da im bude uzvraćeno onoliko koliko su oni dali. Kada su strastveni, oni će možda dati bez želje da dobiju nešto zauzvrat. Ali kako se strast hladi, oni žale za činjenicom što su dali a nisu dobili ništa zauzvrat. To znači, nakon svega, da su želeli nešto zauzvrat. Ovas vrsta ljubavi je telesna ljubav.

Duhovna ljubav daje pojedincu sopstveni život

Ona se kreće ako neko daje svoj život za nekoga drugog koga voli. Ali ako mi znamo da bi trebali da damo naš život za nekoga drugog to nama otežava da volimo tu osobu. Na ovaj način čovekova ljubav je ograničena.

Postojao je kralj koji je imao ljupkog sina. U njegovom kraljevstvu, postojao je ozloglašen ubica koji je bio osuđen na smrt. Jedini način da taj osuđenik živi je da neko nevin umre umesto njega. Ovde, da li ovaj kralj može da se odrekne od svog nevinog sina i da ga pusti da umre zbog ubice? Takva stvar se nikada nije dogodila u celom toku ljudske istorije. Ali Bog Stvoritelj, koji ne može biti uporediv ni sa jednim kraljem ove zemlje dao je Njegovog jedinorodnog Sina za nas. On nas voli toliko mnogo (Poslanica Rimljanima 5:8).

Zbog Adamovog greha, celo čovečanstvo mora da ide na put smrti da bi platili platu za greh. Da bi spasili čovečanstvo i da bi ih poveli ka Nebesima, njihov problem greha treba da bude rešen. Kako bi razrešio ovaj problem greha koji stoji između Boga i čovečanstva, Bog je poslao Njegovog jedinorodnog Sina Isusa da plati cenu za njihove grehove.

Poslanica Galaćanima 3:13 kaže: *„Proklet svaki koji visi na drvetu."* Isus je visio na drvenom krstu da nas oslobodi od prokletstva zakona koji govori: *„Plata za greh je smrt"* (Poslanica Rimljanima 6:23). Takođe, zato što nema nikakvog oproštaja bez prolivanja krvi (Poslanica Jevrejima 9:22), On je prolio svu Njegovu vodu i krv. Isus je prihvatio kaznu za nas, i svako ko veruje u Njega može da mu bude oprošteno od njegovih grehova i da stekne večni život.

Bog je znao da će grešnici osuditi i ismevati i na kraju razapeti Isusa, koji je Sin Božji. I pored toga, kako bi spasio grešnu ljudsku rasu koja je bila osuđena da padne u večnu smrt, Bog je poslao Isusa na ovu zemlju.

1. Jovanova Poslanica 4:9-10 govori: *„Po tom se pokaza ljubav Božija k nama što Bog Sina svog Jedinorodnog posla na svet da živimo kroza Nj. U ovom je ljubav ne da mi pokazasmo ljubav k Bogu, nego da On pokaza ljubav k nama, i posla Sina svog da očisti grehe naše."*

Bog potvrđuje Njegovu ljubav prema nama dajući nam Njegovog jedinorodnog Sina Isusa da visi na krstu. Isus je pokazao Njegovu ljubav žrtvujući Sebe na krstu kako bi iskupio čovečanstvo od njihovih grehova. Ova ljubav Božja, prikazana kroz davanje Njegovog Sina, je nepromenjena ljubav koja daje kompletan svoj život do poslednje kapi krvi.

Iskrena ljubav prema Bogu

Možemo li mi takođe da posedujemo takav nivo ljubavi? 1. Jovanova Poslanica 4:7-8 govori: *„Ljubazni, da ljubimo jedan drugog, jer je ljubav od Boga; i svaki koji ima ljubav od Boga je rođen i poznaje Boga. A koji nema ljubavi ne pozna Boga, jer je Bog ljubav.“*

Ako mi znamo ne samo kao glavno znanje, ali duboko osećamo u našim srcima vrstu ljubavi koju nam Bog daje, mi ćemo prirodno voleti istinito Boga. U našem hrišćanskom životu, mi ćemo se možda suočiti sa iskušenjima sa kojima se teško nosimo, ili ćemo možda naići na situacije gde ćemo izgubiti sve što posedujemo i dragocene stvari za nas. Čak i u ovim situacijama, naša srca neće biti uzdrmana ni malo sve dok imamo iskrenu ljubav u nama.

Ja sam skoro izgubio sve tri moje dragocene kćeri. Više od 30 godina ranije u Koreji je većina ljudi koristila brikete od uglja za grejanje. Ugljen monoksid od uglja je često uzrokovao nesreće. To je bilo odmah nakon otvaranja crkve i moje mesto za boravak je bilo u podrumu crkvene zgrade. Moje tri ćerke, zajedno sa jednim mladićem imale su trovanje gasom ugljen monoksida. One su udisale gas celu noć, i izgledalo je da nema nade za oporavak.

Videvši moje ćerke bez svesti, ja nisam imao nikakvu tugu niti žalbe. Ja sam samo bio zahvalan misleći da će one živeti mirno na prelepom Nebu gde nema suza, žalosti niti bola. Ali zato što je mladić bio samo član crkve, ja sam zatražio od Boga da oživi ovog čoveka tako da ne sramoti Boga. Postavio sam moje ruke na mladog čoveka i molio sam se za njega. I onda, molio sam se za moju treću i najmlađu ćerku. Dok sam se molio za nju, mladić je došao do svesti. Dok sam se molio za drugu ćerku, treća se probudila. Uskoro, obe moja druga i prva ćerka povratile su svest. One nisu patile od nekih efekata kasnije i sve do danas one su zdrave. Sve tri od njih služe kao pastori u crkvi.

Ako mi volimo Boga, naša ljubav nikada neće da se promeni u bilo kojoj situaciji. Mi smo već prihvatili Njegovu ljubav žrtvovanjem Njegovog jedinorodnog Sina, i prema tome mi nemamo nikakav razlog da Njega mrzimo ili da sumnjamo u Njegovu ljubav. Mi možemo samo da Njega nepromenljivo volimo. Mi možemo samo da Njega volimo u potpunosti i da budemo verni Njemu sa našim životima.

Ovaj stav se neće promeniti kada takođe i brinemo o drugim dušama. 1. Jovanova Poslanica 3:16 kaže: „*Po tom poznasmo ljubav što On za nas dušu svoju položi: mi smo dužni polagati duše za braću.*" Ako mi kultivišemo iskrenu ljubav prema Bogu, mi ćemo voleti našu braću sa iskrenom ljubavi. To znači da mi nećemo imati želju da tražimo našu korist i prema tome mi ćemo dati sve što imamo i nećemo želeti ništa zauzvrat. Mi ćemo žrtvovati sebe sa čistim razlogom i daćemo sve što posedujemo za druge.

Ja sam prošao kroz brojna iskušenja kako sam hodao putem vere sve do današnjeg dana. Bio sam izdan od onih ljudi koji su dobili mnoge stvari od mene, ili onih prema kojima sam se ponašao kao prema sopstvenoj porodici. Ponekad me ljudi ne shvataju i pokazuju prstom u mene.

I pored toga, ja sam se ophodio prema njima sa dobrotom. Ja sam predao sve stvari u Božje ruke i molio se da će On oprosti takvim ljudima sa Njegovom ljubavlju i saosećanjem. Nisam mrzeo čak ni one ljude koji su uzrokovali velike teškoće crkvi i otišli. Ja sam im samo želeo da se pokaju i da se vrate. Kada su ovi ljudi učinili mnogo loših stvari, to je meni uzrokovalo mnogo intezivnih iskušenja. Uprkos tome, ja sam se ophodio prema njima samo sa dobrotom zato što sam verovao da me je Bog voleo i zato što sam ja voleo njih sa Božjom ljubavlju.

Da bi se odgajio plod ljubavi

Mi možemo da gajimo plod ljubavi u potpunosti do mere da smo očistili naša srca odbacujući grehove, zlobu i bezakonje iz naših srca. Iskrena ljubav može da izađe iz srca koje je oslobođeno od zla. Ako mi posedujemo iskrenu ljubav, mi drugima možemo da damo mir sve vreme i nikada ih nećemo maltretirati ili nametati teret drugima. Mi ćemo takođe moći da razumemo srca drugih i služiti im. Mi ćemo moći da im pružimo radost i pomoć da dozvolimo njihovim dušama da napreduju kako bi se kraljevstvo Božje proširilo.

U Bibliji, mi možemo da vidimo koju vrstu ljubavi su kultivisali očevi vere. Mojsije je voleo njegov narod, Izraelce, toliko mnogo da je želeo njih da spasi čak iako bi to značilo da će njegovo ime biti izbrisano iz knjige života (Izlazak 32:32).

Apostol Pavle je takođe voleo Gospoda sa nepromenljivim mislima od vremena kada je Njega sreo. On je postao Apostol nejevreja i spasio je mnogo duša i osnovao mnogo crkava kroz tri njegova misionarska putovanja. Iako je njegov put bio iscrpljujući i pun opasnosti, on je propovedao o Isusu sve dok nije bio mučen u Rimu.

Bilo je stalnih pretnji, mučenja i uznemiravanja od strane Jevreja. On je bio pretučen i oteran u zatvor. On je bio prepušten moru danju i noću nakon brodoloma. Uprkos tome, on nikada nije zažalio zbog puta koji je odabrao. Umesto da je brinuo za sebe, on je bio zabrinut za crkvu i za vernike čak i kada je prolazio kroz mnoge nevolje.

On je izrazio svoja osećanja u 2. Korinćanima Poslanici 11:28:29 koja kaže: *„Osim što je spolja, navaljivanje ljudi svaki dan, i briga za sve crkve. Ko oslabi, i ja da ne oslabim? Ko se sablazni, i ja da se ne raspalim?“*

Apostol Pavle nije štedeo čak ni svoj život zato što je imao jarku ljubav prema dušama. Njegova velika ljubav je dobro izražena u Poslanici Rimljanima 9:3. Ona kaže: *„Jer bih želeo da ja sam budem odlučen od Hrista za braću svoju koja su mi rod po telu.“* Ovde „rod“ se ne odnosi na porodicu ili rođake. To se odnosi na sve Jevreje, uključujući i one koji su ga progonili.

On bi radije išao u Pakao umesto njih, samo kada bi to moglo da spasi ove ljude. Ovo je vrsta ljubavi koju je posedovao. Takođe, kao što je zapisano Jevanđelju po Jovanu 15:13: *„Od ove ljubavi niko veće nema, da ko dušu svoju položi za prijatelje svoje,“* apostol Pavle je dokazao najviši nivo ljubavi postavši mučenik.

Neki ljudi govore da vole Gospoda a ne vole svoju braću u veri. Ova braća nisu čak ni njihovi neprijatelji niti traže nečiji život. Ali oni imaju sukobe i pružaju neugodna osećanja jedni prema drugima u nebitnim stvarima. Čak i kada čine dela za Boga, oni se ljutito osećaju kada se njihova razmišljanja razlikuju. Neki ljudi su bezosećajni prema drugim ljudima čiji duh vene i umire. Onda, možemo li da kažemo da takvi ljudi vole Boga?

Jednom sam posvedočio ispred celog zbora. Rekao sam: „Ako mogu da spasim hiljade duša, ja ću rado otići u Pakao umesto njih." Naravno, znao sam veoma dobro kakva vrsta mesta je Pakao. Ja nikada neću učiniti ništa što će me naterati da odem u Pakao. Ali ako mogu da spasim one duše koje padaju mu Pakao, biću voljan da odem umesto njih.

Tih hiljadu duša može da uključuje neke članove naše crkve. To mogu biti vođe crkve ili članovi koji nisu odabrali istinu već su odabrali put smrti čak i nakon što su čuli reči istine i bili svedoci moćnim delima Božjim. Takođe, to mogu biti oni ljudi koji osuđuju našu crkvu sa njihovim nerazumevanjem i ljubomorom. Ili, oni mogu biti neke siromašne duše u Africi koje gladuju za vreme civilnih ratova, nestašice ili siromaštva.

Baš kao što je Isus umro za mene, ja mogu takođe da dam svoj život za njih. To nije zato što ih volim kao deo moje dužnosti, samo zato što Božja Reč govori da moramo da volimo. Ja dajem ceo svoj život dan za danom da ih spasim, zato što ih volim više nego svoj život a ne samo rečima. Ja dajem ceo svoj život zato što znam da je to najveća želja Oca Boga koji me voli.

Moje srce je prepuno takvih misli kao što su: „Kako da propovedam Jevanđelje na još više mesta?" „Kako da manifestujem velika dela Božje moći kako bi još više ljudi verovalo?" „Kako da ih nateram da razumeju beznačajnost ove zemlje i da ih povedem da se uhvate za nebesko kraljevstvo?"

Pogledajmo unazad na sebe i na to koliko je ljubav Božja ugravirana u nama. To je ljubav sa kojom je On dao život

Njegovog jedinorodnog Sina. Ako smo mi prepuni Njegove ljubavi, mi ćemo voleti Boga i duše svim naši srcem. Ovo je iskrena ljubav. I ako smo kultivisali ovu ljubav u potpunosti, mi ćemo moći da uđemo u Novi Jerusalim koji je kristaloid ljubavi. Ja se nadam da ćete svi vi deliti večnu ljubav sa Ocem Bogom i sa Gospodom tamo.

Poslanica Filipljanima 4:4

„Radujte se svagda u Gospodu,

i opet velim; radujte se!“

Poglavlje 3

Radost

Plod radosti

Razlozi zašto radost prve ljubavi nestaje

Kada je duhovna radost rođena

Ako želite da gajite plod radosti

Žaljenje čak i nakon gajenja ploda radosti

Budite pozitivni i pratite dobrotu u svim stvarima

Radost

Smeh ublažava stres, ljutnju a napetost otuda dovodi do upozorenja od srčanog napada ili iznenadne smrti. Ono takođe poboljšava imunitet organizma, tako da ima pozitivne efekte u prevencijama infekcija kao što su prehlada ili čak takvih bolesti kao što su rak ili bolesti koje se prepisuju načinu života. Smeh svakako ima veoma pozitivan efekat na naše zdravlje i Bog nam takođe govori da se stalno radujemo. Neki će možda reći: „Kako da se radujem kada nemam za šta da se radujem?“ Ali ljudi od vere mogu stalno da se raduju u Gospodu zato što oni veruju da će im Bog pomoći u teškoćama i oni će na kraju biti vođeni ka kraljevstvu neba gde je večna radost.

Plod radosti

Radost je „intenzivna i naročito zanosna ili euforična sreća.“ Duhovna radost, međutim, nije biti samo neverovatno srećan. Čak se i nevernici raduju kada su stvari dobre, ali to je samo trenutno. Njihova radost nestaje kada stvari postaju teže. Ali ako gajimo plodove radosti u našim srcima mi ćemo moći da se radujemo i nama će biti drago u bilo kojoj vrsti situacije.

1. Knjiga Solunjanima 5:16-18 govori: *„Radujte se svagda; molite se Bogu bez prestanka; na svačemu zahvaljujte; jer je ovo volja Božija za vas u Hristu Isusu.“* Duhovna radost je radovati se uvek i zahvaljivati se u bilo kojim okolnostima. Radost je jedan od najočiglednijih i najčistijih kategorija sa kojom mi možemo da merimo i da proverimo kakvu vrstu hrišćanskog života vodimo.

Neki od vernika hodaju putem Gospodnjim radosni i srećni

sve vreme dok neki drugi nemaju zaista iskrenu radost i zahvalnost koja proizilazi iz njihovih srca, čak iako se mnogo trude u njihovoj veri. Oni prisustvuju službama bogosluženja, ispunjavaju njihove dužnosti u crkvi ali oni čine ove aktivnosti kao da ih ravnodušno ispunjavaju. I ako se suoče sa nekim problemom, oni gube i najmanji deo mira koji su imali i njihova srca su uzdrmana nervozom.

Ako postoji problem koji nikako ne možete da rešite sopstvenom snagom, ovo je kada možete da proverite da li ste se zaista radovali iz dubine vašeg srca. U ovakvim situacijama, zašto se ne pogledate u ogledalo? To takođe može da postane mera u kojoj proveravate do koje mere ste gajili plod radosti. U stvari, samo milost Isusa Hrista koji je nas spasao kroz Njegovu krv je više nego dovoljan uslov za nas da budemo radosni sve vreme. Mi smo osuđeni na pad u večnu vatru pakla, ali kroz krv Isusa Hrista nama je omogućeno da idemo u kraljevstvo neba ispunjeno radošću i mirom. Ova sama činjenica nam može dati radost izvan reči.

Nakon Izlaska kada su sinovi Izraela prešli Crveno more i stali na suvu zemlju i bili oslobođeni od egipatske vojske koja ih je proganjala, koliko mnogo su se oni radovali? Ispunjeni srećom žena je igrala uz bubanj i svi ljudi su slavili Boga (Izlazak 15:19-20).

Slično ovome, kada neko prihvati Gospoda, on ima neopisivu radost zato što je spašen i on uvek može da peva sa rečima hvale na usnama čak iako je umoran nakon napornog i teškog dana. Čak iako je on osuđivan zbog imena Gospodnjeg ili pati u iskušenjima bez ikakvog uzroka, on je samo srećan dok misli na nebesko kraljevstvo. Ako je ova radost stalno u potpunosti održavana, on će ukoro gajiti u potpunosti plodove radosti.

Razlozi zašto radost prve ljubavi nestaje

U stvarnosti međutim, ne toliko mnogo ljudi održava radost njihove prve ljubavi. Ponekad nakon što prihvate Gospoda, radost nestaje i njihova osećanja u odnosu na milost spasenja nisu više ista. U prošlosti, oni su bili samo srećni čak i u nevoljama misleći na Gospoda, ali kasnije počeli su da uzdišu i da se tužakaju kada su stvari bile teške. To je isto kao i sa sinovima Izraela koji su brzo zaboravili radost koju su imali nakon što su prešli Crveno more i žalili se na Boga i stali su protiv Mojsija zbog malo poteškoća.

Zašto se ljudi menjaju na ovaj način? To je zato što oni imaju meso u njihovim srcima.To je zato što arogancija boravi u njihovim srcima. Meso ovde ima odnos na duhovno značenje. To se odnosi na prirodu ili karakter koje su suprotnosti duhu. „Duh" je nešto što pripada Bogu Stvoritelju, što je lepo i nepromenljivo, dok „meso" su stvari koje nas dele od Boga. Postoje mnogo stvari koje će iščeznuti, istruliti i nestati. Prema tome, sve vrste grehova kao što je bezakonje, nepravednost i neistina su meso. Oni koji imaju takve osobine mesa će izgubiti njihovu radost koja je nekada u potpunosti ispunila njihova srca. Takođe, zato što su promenljive prirode, neprijatelj đavo i Sotona će izazvati nepovoljne situacije uznemiravanjem te promenljive prirode.

Apostol Pavle je bio pretučen i stavljen u zatvor dok je propovedao Jevanđelje. Ali kako se on molio i slavio Boga bez zabrinutosti o bilo čemu, veliki zemljotres se dogodio i vrata zatvora su se otvorila. Šta više, kroz ovaj događaj, on je evangelizovao mnogo nevernika. On nije izgubio njegovu radost u bilo kojoj nevolji i on je savetovao vernike da: „*Radujte se svagda u Gospodu, i opet velim; radujte se! Krotost vaša da bude poznata svim ljudima. Gospod je blizu. Ne brinite se nizašta nego u svemu molitvom i moljenjem sa zahvaljivanjem da se javljaju Bogu iskanja vaša*" (Poslanica Filipljanima 4:4-6).

Ako ste u teškoj situaciji kao da ste prijanjani uz samu ivicu litice, zašto ne ponudite molitvu hvale kao apostol Pavle? Bog će biti zadovoljan vašim postupkom u veri i On će raditi za dobro u svemu.

Kada je duhovna radost rođena

David se borio na bojnim poljima za svoju zemlju od vremena kada je bio mladić. On je dobijao različite zasluge u mnogim različitim ratovima. Kada je kralj Saul patio od zlih duhova, on je svirao na harfi da bi pružio mir kralju. On nikada nije prekršio naredbu od svog kralja. Uprkos tome, kralj Saul nije bio zahvalan Davidovom služenju, već je u stvari mrzeo Davida zato što je bio ljubomoran na njega. Zato što je David bio voljen od strane ljudi, Saul se plašio da će njegov presto biti preuzet, on goni Davida sa svojom vojskom da ga ubije.

I ovakvoj situaciji, David je svakako morao da pobegne od Saula. Jednom, da bi spasio sebi život u zabranjenoj zemlji on je morao da balavi i da se pravi da je lud. Kako bi ste se vi osećali da ste bili na njegovom mestu? David nikada nije bio rastužen već se samo radovao. On je svedočio njegovu veru u Boga sa prelepim psalmom.

„*GOSPOD je pastir moj, ništa mi neće nedostajati.*
Na zelenoj paši pase me,
Vodi me na tihu vodu;
Dušu moju oporavlja,
Vodi me stazama pravednim
Imena radi svog.
Da pođem i
dolinom sena smrtnoga,
neću se bojati zla; jer si Ti sa mnom;
štap Tvoj i palica Tvoja teši me.
Postavio si preda mnom trpezu
na vidiku neprijateljima mojim;
namazao si uljem glavu moju, i čaša je moja prepuna.
Da! Dobrota i milost Tvoja pratiće me
u sve dane života mog,
i Ja ću nastavati u domu GOSPODNJEM zauvek"
(Psalmi 23:1-6).

Stvarnost je bila kao trnoviti put, ali David je imao nešto veliko u sebi. To je bila njegova vatrena ljubav i nepromenljivo poverenje prema Bogu. Ništa nije moglo da odstrani radost koja je proizilazila iz dubine njegovog srca. David je zasigurno bio osoba koja je izrodila plod radosti.

Za oko četrdeset i jednu godinu od kako sam ja prihvatio Gospoda, nikada nisam izgubio radost moje prve ljubavi. Ja još uvek živim svaki dan sa velikom zahvalnosti. Patio sam od mnogih bolesti oko sedam godina, ali Božja moć je izlečila sve te bolesti odjednom. Odmah sam postao hrišćanin i počeo sam da radim na gradilištu. Imao sam priliku da dobijem bolji posao ali sam odabrao teži rad jer je to bio jedini način za mene da održavam Božji dan svetim.

Svako jutro imao sam običaj da ustanem u četiri sata i da prisustvujem molitvenim skupovima u zoru. Onda bih išao na posao sa upakovanim ručkom. Bilo je potrebno oko sat i po autobusom da bi stigao do mesta gde radim. Morao sam da radim od jutra do mraka bez da imam dovoljno odmora. Bio je to zaista težak rad. Ja nikada nisam radio neki težak fizički posao uprkos tome što sam bio bolestan toliko mnogo godina, tako da to nije bio lak posao za mene.

Dolazio bih nazad oko deset sati uveče, nakon posla. Jedva bi se oprao, večerao, čitao Bibliju i molio se pre nego što sam išao na spavanje negde oko ponoći. Moja supruga je takođe radila prodaju od vrata do vrata da bi zarađivala za život ali to je bilo teško za nas da vratimo samo kamatni dug koji smo imali za vreme dok sam bio bolestan. Bukvalno jedva smo sastavljali kraj sa krajem svakoga dana. Iako sam bio u veoma teškoj finansijskoj situaciji, moje srce je uvek bilo ispunjeno radošću i ja sam propovedao jevanđelje svaki put kada sam imao priliku za to.

Govorio bih: „Bog je živ! Pogledaj me! Ja sam čekao samo smrt, ali sam bio izlečen sa Božjom moći i postao sam ovoliko zdrav!"

Stvarnost je bila teška i finansijski izazov, ali ja sam uvek bio zahvalan zbog ljubavi Boga koji me spasao od smrti. Moje srce je takođe bilo ispunjeno nadom za Nebo. Nakon što sam dobio poziv od Boga da postanem pastor, patio sam zbog mnogo nepravednih nevolja i stvari sa kojima čovek može jedva da se nosi, ali ipak moja radost i zahvalnost se nikada nisu ohladile.

Kako je to moguće? To je zato što zahvalnost iz srca rađa još veću zahvalnost. Ja uvek tragam za stvarima za koje treba da budem zahvalan i za koje treba da dam molitve zahvalnosti Bogu. I ne samo molitve zahvalnosti, ja uživam dok dajem darove zahvalnosti Bogu. Pored ponuda zahvalnosti koje sam nudio Bogu na svakoj službi bogosluženja, ja sam predano davao ponude zahvalnosti Bogu i za druge stvari. Dajem zahvalnost članovima crkve koji odrastaju u veri; zato što su mi omogućili da dam slavu Bogu kroz prekomorske evangelističke pohode mega veličine; zato što su omogućili rast crkve itd. Uživam u potrazi za uslovima zahvalnosti.

Tako da, Bog mi je dao blagoslove i milost bez prestanka tako da sam ja mogao da samo nastavim da se zahvaljujem. Da sam ja bio zahvalan samo kad su stvari bile dobre a da nisam bio zahvalan več da sam se bunio kada su stvari bile loše, ne bih imao ovu radost u kojoj sada uživam.

Ako želite da gajite plod radosti

Prvo, vi bi trebali da odbacite meso.

Ako mi nemamo ljutnju i ljubomoru, mi ćemo se radovati kada su drugi slavni i slavljeni kao da smo mi bili slavni i slavljeni. Naprotiv, nama će biti teško dok gledamo druge da postaju dobro stojeći do mere da imamo ljutnju i ljubomoru. Mi ćemo možda imati neugodna osećanja prema drugima, ili ćemo izgubiti radost i postati obeshrabreni jer ćemo se osećati inferiorno do mere u kojoj su se drugi podigli.

Takođe, ako mi nemamo mržnju i ogorčenost, mi ćemo imati samo mir čak iako smo tretirani grubo ili trpimo štetu. Mi postajemo ozlojeđeni i razočarani zato što imamo meso u nama. Ovo meso je opterećenje koje nas čini kao da osećamo težak teret u srcima. Ako mi imamo narav da tražimo sopstvenu korist, mi ćemo se osećati veoma loše i bolno kao da izgleda da patimo od velikog gubitka više nego drugi.

Zato što mi imamo osobine mesa u nama, neprijatelj đavo i Sotona podstiču ovu narav mesa da bi stvorili situacije u kojima mi ne možemo da se radujemo. Do mere da mi imamo meso, mi ne možemo da imamo duhovnu veru i mi ćemo imati daleko više brige i zabrinutosti i nemogućnost da se oslonimo na Boga. Ali oni koji se oslanjaju na Boga mogu da se raduju čak i kada nemaju šta da jedu danas. To je zato što je Bog obećao nama da će nam On dati ono što nam je potrebno kada prvo tražimo Njegovo kraljevstvo i pravednost (Jevanđelje po Mateju 6:31-33).

Oni koji imaju iskrenu veru će predati sve u Božje ruke kroz molitve zahvalnosti u bilo kojim vrstama nevolja. Oni će prvo tražiti Božje kraljevstvo i pravednost sa mirnim srcem a onda će tražiti ono šta im je potrebno. Ali oni koji se ne oslanjaju na Boga već na sopstvene misli i planove ne može da pomogne i oni postaju nespokojni. Oni koji vode biznis mogu biti vođeni na put napretka i mogu da dobiju blagoslove samo ako jasno čuju glas Svetog Duha i ako ga prate. Ali dokle god imaju pohlepu, nestrpljivost i misli neistine, oni ne mogu da čuju glas Svetog Duha i oni će se suočiti sa poteškoćama. Kada se sabere, osnovni razlog zbog kojeg gubimo radost su osobine mesa koje imamo u našim srcima. Mi ćemo imati mnogo više duhovne radosti i zahvalnosti i sve stvari će ići dobro nama do mere da odbacimo meso iz naših srca.

Drugo, mi treba da pratimo želje Svetog Duha u svim stvarima.

Radost koju tražimo nije zemaljska radost već ona koja dolazi od gore, naime radost Svetog Duha. Mi možemo da budemo radosni samo kada se Sveti Duh koji boravi u nama raduje. Iznad svega, iskrena radost dolazi kada mi služimo Bogu sa našim srcem, molimo se i Njega slavimo i održavamo Njegovu Reč.

Takođe, ako mi razumemo prečice kroz inspiraciju Svetog Duha i poboljšamo ih, koliko srećni ćemo postati! Mi smo više skloni da budemo srećni i zahvalniji kada pronađemo naše novo „ja" koje je drugačije od onog ko smo bili ranije. Radost data od Boga ne može biti uporediva sa nekom radosti sa zemlje i niko ne može da je oduzme.

U zavisnosti kakve smo izbore napravili u našim svakodnevnim životima, mi možemo da pratimo želje Svetog Duha ili one od mesa. Ako mi pratimo želje Svetog Duha u svakom momentu, Sveti Duh se raduje u nama i ispunjuje nas sa radošću. 3. Jovanova Poslanica 1:3-4 kaže: *„Nemam veće radosti od ove da čujem moja deca u istini da hode."* Kao što je rečeno, Bog je radostan i nama daje radost u ispunjenju Svetim Duhom kada mi praktikujemo istinu.

Na primer, ako želja da tražimo sopstvenu korist i želja da tražimo korist od drugih se sukobe i ako se nastavlja ovaj sukob, mi ćemo izgubiti radost. Onda, ako mi na kraju tražimo sopstvenu korist, onda izgleda da možemo uzeti o ono što smo tražili ali mi nećemo dostići duhovnu radost. Umesto toga mi ćemo imati grižu savesti i žalost u srcu. Sa druge strane posmatrano, ako mi tražimo korist drugih izgledaće u momentu kao da patimo od gubitka, ali mi ćemo dostići radost od gore zato što se Sveti Duh raduje. Samo oni koji su u stvari osetili takvu radost će razumeti koliko je to dobro. To je vrsta sreće koju niko na svetu ne može da da ili da razume.

Postoji priča o dvojici braće. Onaj stariji nije sklanjao sudove nakon što jede. Tako da, mlađi je uvek morao da čisti sto nakon obroka i osećao se neprijatno. Jednog dana, nakon što je stariji jeo i pošao od stola, mlađi je rekao: „Moraćeš da opereš svoje sudove." „Operi ih ti," stariji je odgovorio bez ustezanja i samo je otišao u svoju sobu. Mlađem se nije dopala ova situacija ali stariji je već otišao.

Mlađi je znao da njegov stariji brat nema naviku da pere njegove sudove. Tako da, mlađi može samo da služi starijeg sa radošću dok pere sam sudove. Onda, vi ćete možda misliti da mlađi uvek treba da pere sudove i da stariji neće ni pokušati da učestvuje u problemu. Ali ako mi činimo u dobroti, Bog je taj koji će napraviti promene. Bog će promeniti srce starijeg brata tako da će on misliti: „Žao mi je što sam naterao mog brata da pere sudove stalno. Od stada pa na dalje opraću i moje i njegove sudove."

Kao u primeru, ako mi pratimo želje mesa samo zbog momentalne koristi, mi ćemo uvek imati nelagodnosti i rasprave. Ali mi ćemo imati radost ako služimo drugima iz srca prateći želje Svetog Duha.

Isti princip važi u svakom drugom pogledu. Jednom ste možda vi osuđivali druge sa vašim sopstvenim stavovima, ali ako promenite vaše srce i razumete dobrotu drugih, vi ćete imati mir. Šta ako sretnete nekoga ko ima mnogo drugačiju ličnost od vaše ili nekoga čije se mišljenje razlikuje od vašeg? Da li vi pokušavate da ga izbegnete ili ga srdačno pozdravljate sa osmehom? Iz pogleda nevernika, možda će biti mnogo prikladnije da se izbegnu ili da se ignorišu oni koje oni ne vole više nego da pokušaju da budu dobri prema njima.

Ali oni koji prate želje Svetog Duha će se nasmešiti takvim ljudima sa srcem koje služi. Kada se be dovodimo u smrt svaki dan u nameri da ugodimo drugima (1. Korinćanima Poslanica 15:31), mi ćemo iskusiti kako nam istinski mir i radost dolazi odozgo. Šta više, mi ćemo moći da uživamo u miru i radosti sve vreme, ako čak i nemamo osećaj da nam se neko ne dopada ili da se nečija ličnost ne poklapa sa našom.

Pretpostavimo da dobijete poziv od vođe crkve da pođete sa njim u posetu članu crkve koji je propustio nedeljnu službu, pretpostavimo da je traženo od vas da propovedate jevanđelje određenoj osobi za vreme odmora koji ste zaista dobili. U jednom uglu vaših misli vi želite da se odmorite, a drugi deo vaših misli vas podstiče da želite da uradite delo Božje. To je na vašoj sopstvenoj volji da izaberete bilo koji način, ali mnogo spavanje i činiti vašem telu ugodnost u stvari ne donosi baš vama radost.

Vi možete da osetite ispunjenost Svetog Duha i radost kada dajete svoje vreme i ono što posedujete u delima služenja Bogu. Kako vi pratite želje Svetog Duha iznova i iznova, vi nećete imati samo obilno ispunjavanje duhovne radosti već će se takođe i vaše srce sve više menjati u srce istine. Do neke mere, vi ćete gajiti zrele plodove radosti i vaše lice će sijati duhovnom svetlosti.

Treće, mi verno treba da sadimo seme radosti i zahvaljivanja. Da bi seljak ubrao plodove žetve, on mora da posadi seme i da se brine o njemu. Na isti način, da bi gajili voće radosti, mi moramo da marljivo brinemo o uslovima zahvaljivanja i da prinesemo žrtvu zahvalnosti Bogu. Ako smo mi Božja deca koja imaju veru, postoje mnogo stvari za koje se trebamo radovati!

Prvo, mi imamo radost spasenja koje ne može biti zamenjeno ni sa čime. Takođe, Bog je naš Otac i On drži Njegovu decu koja žive u istini i odgovora na sve što traže. Tako da, koliko smo mi srećni? Ako mi održavamo Gospodnji dan svetim i dajemo prikladan desetak, mi nećemo da se suočimo sa nikakvom nevoljom ili nesrećom tokom cele godine. Ako mi ne činimo grehove i održavamo zapovesti Božje i radimo odano za Njegovo kraljevstvo, onda mi ćemo uvek dobijati blagoslove.

Čak iako se možda suočimo sa nekim nevoljama, izbor u svim vrstama problema je pronađen u šezdeset i šest knjiga Biblije. Ako je nevolja uzrokovana zbog našeg lošeg postupka, mi možemo da se pokajemo i da se odvratimo od takvog puta kako bi Bog imao milosti nad nama i dao nam odgovor da rešimo problem. Kada pogledamo unazad na sebe, ako nas srce ne osuđuje, mi možemo da se radujemo i da dajemo zahvalnost. Onda, Bog će sve srediti da bi učinio da sve bude dobro i daće nam još više blagoslova.

Mi ne treba milo za gotovo da uzimamo milost Božju koju je On dao nama. Mi treba da se radujemo i da dajemo zahvalnost Njemu sve vreme. Kada tražimo uslove za zahvaljivanje i radujemo se, Bog će nam dati još veće uslove i zahvalnost. Zauzvrat, naša zahvalnost i radost će narasti i na kraju mi ćemo gajiti u potpunosti plodove radosti.

Žaljenje čak i nakon gajenja ploda radosti

Čak iako mi gajimo plodove radosti u našim srcima, mi ponekad postajemo žalosni. To je duhovno oplakivanje koje je učinjeno u istini.

Prvo, postoji žalost pokajanja. Ako postoje testovi i iskušenja uzrokovana našim grehovima, mi ne možemo da se radujemo i da dajemo zahvalnost da bi rešili problem. Ako neko može da se raduje nakon što počini greh, ta radost je zemaljska radost i to nema nikakve veze sa Bogom. U takvom slučaju, mi treba da se pokajemo sa suzama i da se okrenemo od tih puteva. Mi moramo da se temeljno pokajemo sa mislima: „Kako sam mogao da počinim takav greh verujući u Boga? Kako sam mogao da napustim milost Gospoda?" Onda, Bog će prihvatiti naše pokajanje i kao dokaz da je barijera spuštena, On će nam dati radost. Mi ćemo se osećati tako svetlo i ushićeno kao da letimo u nebo i nova vrsta radosti i zahvalnosti će doći od gore.

Ali žalost pokajanja se svakako razlikuje od žalosnih suza koje su prolivene zbog bola usled neke nevolje ili nesreće. Iako se vi molite prolivajući toliko mnogo suza i čak sa slinavim nosem, to je samo telesno žaljenje, dokle god plačete sa ogorčenjem zbog vaše situacije. Takođe, ako vi samo pokušavate da pobegnete od problema plašeći se kazne i ne okrenete se u potpunosti od grehova, vi ne možete da gajite iskrenu radost. Vi nećete čak ni osetiti da vam je oprošteno. Ako je vaša žalost iskrena žalost pokajanja, vi treba da odbacite spremnost da počinite same grehove i onda da gajite prikladan plod pokajanja. Samo onda ćete dobiti duhovnu radost ponovo od gore.

Sledeće, postoji žaljenje koje vi imate kada je Bog osramoćen ili za one duše koje idu ka putu smrti. To je duhovno žaljenje koje je pravilno u istini. Ako vi imate takvo žaljenje, vi ćete se molikti za kraljevstvo Božje veoma iskreno. Vi ćete tražiti svetost i moć da spasite više duša i da širite kraljevstvo Božje. Prema tome, takvo žaljenje je udovoljavajuće i prihvatljivo u Božjim očima. Ako vi imate takvo duhovno žaljenje, radost duboko u vašem srcu neće nestati. Vi nećete izgubiti snagu ako budete sumorni ili obeshrabreni već ćete još uvek imati zahvalnost i sreću.

Nekoliko godina ranije, Bog mi je pokazao nebesku kuću osobe koja se molila za kraljevstvo Božje i crkvu u velikoj žalosti. Njena kuća je bila ukrašena sa zlatom i dragim kamenjem i naročito je tamo bilo mnogo velikih sjajnih bisera. Kao što biserna školjka pravi bisere svom svojom silom i snagom, ona je žalila u molitvi da liči na Gospoda i ona je žalila moleći se za kraljevstvo Božje i za duše. Bog joj je uzvratio u svim njenim suznim molitvama. Prema tome, mi treba da se radujemo uvek verujući u Boga i mi bi takođe trebali da žalimo za kraljevstvom Božjim i za dušama.

Budite pozitivni i pratite dobrotu u svim stvarima

Kada je Bog stvorio prvog čoveka Adama, On je dao radost Adamovom srcu. Ali radost koju je Adam imao u to vreme se razlikuje od radosti koju smo mi gajili kroz ljudsku kultivaciju na ovoj zemlji.

Adam je bio živo biće, ili živi duh, što znači da on nije imao nikakve tjelesne osobine i tako on nije imao nikakve elemente koji su bili suprotni radosti. Naime, on nije imao nikakvo shvatanje relativnosti da bi bio u mogućnosti da razume vrednost radosti. Samo oni koji su patili od bolesti mogu da razumeju koliko je dragoceno zdravlje. Samo oni koji su patili od siromaštva razumeju pravu vrednost bogatog života.

Adam nikada nije iskusio nikakav bol i on nije mogao da shvati kojim srećnim životom je on živeo. Iako je uživao u večnom životu i u izobilju Edenskog Vrta, on nije odista mogao da se raduje iz dubine njegovog srca. Ali nakon što je jeo sa drveta spoznaje dobra i zla, meso je ušlo u njegovo srce i on je izgubio radost koja mu je bila data od Boga. Dok je prolazio kroz mnogo bolova ovog sveta, njegovo srce je bilo ispunjeno tugom, usamljenošću, ozlojeđenošću, lošim osećanjima i brigama.

On je iskusio sve vrste bolova na ovoj zemlji i sada mi moramo da povratimo duhovnu radost koju je Adam izgubio. Kako bi to uradili, mi moramo da odbacimo meso, da pratimo želje Svetog Duha sve vreme i da posejemo seme radosti i zahvalnosti u svim stvarima. Ovde, ako mi dodamo pozitivne osobine i pratimo dobrotu, mi ćemo moći da gajimo voće radosti u potpunosti.

Ova radost je gajena nakon što smo iskusili relativni odnos u mnogim stvarima na ovoj zemlji, za razliku od Adama koji je živeo u Edenskom Vrtu. Prema tome, radost potiče iz dubine naših srca i nikada se ne menja. U iskrenoj sreći u kojoj ćemo uživati na Nebesima je već kultivisana u nama na ovoj zemlji. Kako ćemo biti u stanju da izrazimo radost koju ćemo imati kada mi završimo naš zemaljski život i odemo u Nebesko kraljevstvo?

Jevanđelje po Luki 17:21 kaže: „...*I reći će vam: 'Evo ovde je', ili: 'Eno onde!' Ali ne izlazite, niti tražite.*" Ja se nadam da ćete vi brzo gajiti plodove radosti u vašim srcima tako da bi mogli da osetite Nebesa na zemlji i da vodite život uvek ispunjen srećom.

Poslanica Jevrejima 12:14

„Mir imajte i svetinju sa svima;

bez ovog niko neće videti Gospoda."

Poglavlje 4

Mir

Plod mira

Da bi se gajio plod mira

Reči dobrote su važne

Mislite mudro iz pogleda drugih ljudi

Iskren mir u srcu

Blagoslovi za mirotvorce

Mir

Čestice soli nisu vidljive, ali kada se kristališu, one postaju prelepi kockasti kristali. Mala količina soli se rastvara u vodi i menja celu strukturu vode. To je začin koji je apsolutno neophodan u kuvanju. Mikro elementi u soli, u veoma maloj količini su presudno važni da se održi životna funkcija.

Baš kao što se so rastvara da bi dala ukus hrani i da spreči truljenje, Bog želi od nas da žrtvujemo sebe da bi prosvetlili i pročistili druge i da bi gajili prelepo voće mira. Hajde sada da pogledamo u plodove mira između plodova Svetog Duha.

Plod mira

Čak iako su vernici u Bogu, ljudi ne mogu da održe mir sa drugima sve dok imaju svoj ego ili svoje „ja." Ako oni misle da su njihove ideje prave, oni pokušavaju da ignorišu mišljenja drugih i ponašaju se neprikladno. Iako je postignut dogovor sa glasovima većine, oni nastavljaju da se žale zbog odluke. Oni će takođe gledati na mane ljudi radije nego na njihove dobre strane. Oni takođe mogu da govore loše o drugima i da šire takve stvari, time udaljavaju ljude međusobno.

Kada smo u blizini takvih ljudi mi ćemo se možda osećati kao da sedimo na krevetu od trnja i nećemo imati mira. Kada postoje rušioci mira, postoje i problemi, sukobi i iskušenja. Ako je mir narušen u zemlji, porodici, na radnom mestu, u crkvi ili bilo kojoj grupi, prolaz za blagoslov je blokirani tu će biti mnogo poteškoća.

U predstavi, heroj ili junakinja su naravno važni ali takođe u druge uloge i mesto podrške svakoga od osoblja su takođe veoma bitni. Isto je i sa svim organizacijama. Čak iako nešto izgleda beznačajno, kada svaka osoba radi svoj posao kako treba zadatak će biti završen, i takvoj osobi može biti poverena veća uloga kasnije. Takođe, pojedinac ne sme da bude arogantan samo zato što je važan posao koji radi. Kada takođe pomaže drugima da odrastaju zajedno, sav posao može biti mirno završen.

Poslanica Rimljanima 12:18 kaže: „*Ako je moguće, koliko do vas stoji, imajte mir sa svim ljudima.*" Poslanica Jevrejima 12:14 kaže: „*Mir imajte i svetinju sa svima; bez ovog niko neće videti Gospoda.*"

Ovde „mir" je da budemo u stanju da idemo zajedno sa mišljenjima drugih, iako je naše mišljenje ispravno. To je pružiti ugođaj drugima. To je velikodušno srce sa kojim mi možemo da budemo dobri sa svime sv e dok je to u okvirima granice sa istinom. To je pratiti korist drugih i nemati ništa omiljeno. To je da nemamo problema i konflikte sa drugima i da se ne uzdržavamo u izražavanju suprotnog ličnog mišljenja i da ne gledamo u nedostatke drugih ljudi.

Božja deca ne smeju samo da održavaju mir između muževa i žena, roditelja i dece, braće i komšija već oni moraju da imaju mir sa svim ljudima. Oni moraju da imaju mir ne samo sa onima koje vole već sa onima koji ih mrze i stvaraju im poteškoće. Veoma je važno i održati mir u crkvi. Bog ne može da radi ako je mir narušen. To nam samo daje šansu da nas Sotona optužuje. Takođe, čak iako mi naporno radimo i postižemo velike uspehe u Božjoj službi, mi ne možemo biti slavni ako je mir narušen.

U Postanku 26 Isak je održao mir sa svakim čak i u situaciji kada su ga drugi ljudi izazivali. To je bilo kada je Isak, u nameni da izbegne glad, otišao do mesta gde su Filistinci živeli. On je dobio blagoslove od Boga i broj njegovog stada i krda se uvećao i on je imao veliko domaćinstvo. Filistinci su bili ljubomorni na njega i zapušivali su njegove bunare ispunjavajući ih zemljom.

Oni nisu imali mnogo kiše u tom području i naročito leti nije bilo nimalo kiše. Bunari su za njih bili izvor života. Isak, međutim se nije svađao niti se tukao sa njima. On je samo napustio mesto i iskopao je drugi bunar. Kad god bi našao bunar nakon velikih teškoća, Filistinci su došli i i insistirali da bunar bude njihov. Uprkos tome, Isak nikada nije protestvovao i samo je predao bunar. On se selio na drugo mesto i kopao drugi bunar.

Ciklus se ponavljao više puta, ali Isak se ponašao prema tim ljudima samo sa dobrotom i Bog ga je blagoslovio da bude dobro gde god da krene. Videvši ovo, Filistinci su shvatili da je Bog uz njega i nisu mu više dosađivali. Da se Isak raspravljao ili tukao sa njima zato što su se prema njemu ophodili nepošteno, on bi postao njihov neprijatelj i on bi morao da napusti to mesto. Iako je morao da govori za sebe na pošten i pravedan način, to ne bi imalo smisla zato što su Filistinci tražili raspravu sa zlim namerama. Iz ovog razloga, Isak se ophodio prema njima sa dobrotom i gajio je plod mira.

Ako mi gajimo plod mira na ovaj način, Bog će kontrolisati sve situacije kako bi mi mogli da napredujemo u svim stvarima. Sada, kako mi možemo da gajimo ovaj plod mira?

Da bi se gajio plod mira

Prvo, mi moramo da budemo u miru sa Bogom.

Najvažnija stvar u održavanju mira sa Bogom je da mi ne smemo da imamo nikakav zid greha. Adam je morao da se krije od Boga zato što nije poslušao Božju Reč i jeo je sa zabranjenog drveta (Postanak 3:8). U prošlosti, on je osetio veoma blisku intimnost sa Bogom, ali sada Božja prisutnost donela je osećaj straha i udaljavanje. To je bilo zato što je mir sa Bogom bio narušen kroz ovaj greh.

Isto je i sa nama. Kada mi delujemo u istini, mi možemo da budemo u miru sa Bogom i da imamo poverenje prema Bogu. Naravno, da bi imali kompletan i savršen mir, mi moramo da odbacimo sve grehove i zlo iz naših srca i da postanemo posvećeni. Ali čak iako još nismo savršeni, sve dok praktikujemo istinu marljivo sa merom naše vere, mi možemo da imamo mir sa Bogom. Mi ne možemo da imamo savršeni mir sa Bogom odmah od početka, ali mi možemo da imamo mir sa Bogom kada pokušamo da pratimo mir sa Njim u meri naše vere.

Čak iako mi pokušavamo da imamo mir sa drugim ljudima, mi moramo najpre da sledimo mir sa Bogom. Iako mi moramo da sledimo mir sa našim roditeljima, decom, supružnicima, prijateljima i kolegama, mi nikada ne smemo da uradimo nešto što je protiv istine. Naime, mi ne smemo da narušimo mir sa Bogom da bi pratili mir sa ljudima.

Na primer, šta ako se klanjamo dole ispred idola ili ne održavamo Gospodnji dan kako bi imali mir sa nevernim članom porodice? Čini se da imamo mir samo na momenat, ali u stvari mi imao ozbiljno narušen mir sa Bogom stvarajući zid greha ispred Boga. Mi ne možemo da počinimo greh da bi imali mir sa ljudima. Takođe, ako izostavljamo Gospodnji dan da bi prisustvovali svadbi člana porodice ili prijatelja, to je narušiti mir sa Bogom i nakon svega mi ne možemo da imamo mir takođe ni sa onim ljudima.

Kako bi imali mir sa ljudima, mi najpre moramo da udovoljimo Bogu. Onda, Bog će oterati neprijatelja đavola i Sotonu i promeniće misli loših ljudi kako bi mi mogli da imamo mir sa svakim. Poslovice 16:7 kažu: „*Kad su čiji putevi mili GOSPODU, miri s njim i neprijatelje njegove.*"

Naravno, druga osoba može da nastavi da narušava mir sa nama iako smo dali sve od sebe u istini. U ovakvom slučaju, ako mi reagujemo u istini sve do kraja, Bog će na kraju da radi za ono najbolje u svemu. Ovo je bio slučaj sa Davidom i kraljem Saulom. Zbog njegove ljubomore kralj Saul je pokušao da ubije Davida, ali David se ophodio prema njemu sa dobrotom sve do kraja. David je imao mnogo brojne šanse da njega ubije, ali on je odabrao da sledi mir sa Bogo prateći dobrotu. Na kraju, Bog je dao Davidu da sedne na presto da bi mu vratio za njegova dobra dela.

Drugo, mi moramo da imamo mir sami sa sobom.

Da bi imali mir sa samim sobom, mi moramo da odbacimo sve forme zla i da postanemo posvećeni. Sve dok imamo zlo u našim srcima naša zloba će se uznemiriti u skladu sa različitim situacijama i prema tome mir će biti narušen. Mi ćemo možda misliti da imamo mir kada nam stvari idu dobro onoliko koliko smo mislili da će ići, ali mir je narušen kada stvari nisu dobre i pogađaju našu zlobu u našem srcu. Kada mržnja i ljutnja ključa u nama, koliko je to samo neprijatno! Ali mi možemo da imamo mir u srcu u bilo kojim okolnostima ako nastavimo da biramo istinu.

Neki ljudi, međutim, nemaju iskreni mir u njihovim srcima

iako pokušavaju da praktikuju istinu da bi imali mir sa Bogom. To je zato što imaju samopravednost i uokvirenu svoju ličnost.

Na primer, neki ljudi nemaju mir u mislima zato što su previše ograničeni Rečju Božjom. Baš kao Jov pre nego što je prolazio kroz iskušenja, oni su se molili i pokušavali da žive po Reči Božjoj ali nisu radili ove stvari sa svojom ljubavi prema Bogu. Oni su živeli po Reči Božjoj bez straha od kazne i odmazde od Boga. Iako su nekim slučajem oni prekršili istinu u nekim okolnostima, oni bi postajali nervozni od straha da će se možda suočiti sa nepovoljnim posledicama.

U takvom slučaju, koliko će nesrećno biti njihovo srce čak iako su oni pokušavali marljivo da praktikuju istinu! Dakle, njihov duhovni rast se zaustavlja ili oni gube radost. Posle svega, oni pate zbog njihove samopravednosti i ograničenih misli. U ovom slučaju, umesto da budu opsednuti delima u održavanju zakona, oni moraju da pokušavaju da kultivišu ljubav prema Bogu. Pojedinac može da uživa u iskrenom miru ako voli Boga svim svojim srcem i razume Božju ljubav.

Evo drugog primera. Neki ljudi nemaju mir sa samim sobom zbog njihovih negativnih misli. Oni pokušavaju da praktikuju istinu, ali oni osuđuju sebe i uzrokuju bol u svom sopstvenom srcu ako ne dobijaju rezultate koje su želeli. Njima je žao pred Bogom i oni gube srce misleći da nemaju toliko. Oni gube mir misleći: „šta ako su ljudi u mojoj okolini u mene razočarani? Šta ako me napuste?"

Takva deca moraju da postanu duhovna deca. Razmišljanje one dece koja veruju u ljubav svojih roditelja je skoro slično. Čak iako naprave greške, oni ih ne kriju od svojih roditelja i trče u zagrljaj svojih roditelja govoreći da će da se poprave. Ako oni kažu da im je žao i da će da se poprave sa umiljatim izrazom na licu, to će učiniti da se roditelji nasmeju čak iako su nameravali da grde njihovu decu.

Naravno, to ne znači da vi treba samo da govorite da ćete biti bolji sve vreme i da nastavljate da činite iste greške. Ako vi iskreno želite da se odvratite od grehova i da budete bolji sledeći put, zašto bi Bog okrenuo Njegovo lice od vas? Oni koji se iskreno pokaju ne gube svoje srce ili postaju obeshrabreni zbog drugih ljudi. Svakako, oni će možda morati da dobiju kazne ili da budu smešteni na niže mestu neko vreme u skladu sa pravdom. Ipak, ako si stvarno sigurni u Božju ljubav prema njima, oni će voljno prihvatiti kaznu Božju i neće mariti za ljudske poglede ili komentare.

Naprotiv, Bog nije zadovoljan ako nastavljaju da sumnjaju, misleći da im nije oprošteno od njihovih grehova. Ako su se oni iskreno pokajali i odvratili od njihovih puteva, to je udovoljavajuće iz Božjeg pogleda da im je oprošteno. Čak iako postoje iskušenja zbog njihovih loših postupaka, oni će se okrenuti u blagoslove ako ih prihvate sa radošću i zahvalnošću.

Prema tome, mi moramo da verujemo da nas Bog voli čak iako nismo još savršeni i On će nas načiniti savršenim ako mi samo nastavimo da pokušavamo da promenimo sebe. Takođe, ako smo srozani u iskušenjima, mi moramo da verujemo u Boga koji će nas podići na kraju. Mi ne smemo da osećamo nestrpljivost sa željom da budemo priznati od strane ljudi. Ako samo nastavimo da čuvamo iskreno srce i dela, mi možemo da imamo mir sa samim sobom kao i duhovnu savest.

Treće, mi treba da imamo mir sa svakim.

Da bi nastavili m ir sa svima, mi moramo biti u stanju da žrtvujemo sebe. Mi moramo da se žrtvujemo za druge, čak i do tačke da odustajemo od našeg života. Pavle je rekao: „Ja dnevno umirem," i baš kao što je i rekao, mi ne smemo da insistiramo na našim stvarima, na naša gledišta ili na prvenstvo da imamo mir sa svakim.

Da bi imali mir, mi ne treba da se ponašamo nepristojno ili da pokušamo da se šepurimo i hvalimo sebe same. Mi treba da ponizimo sebe iz srca i da uzdignemo druge. Mi ne bi trebali da budemo pristrasni i u isto vreme, mi bi trebali da budemo u stanju da prihvatimo različite načine drugih ako su u istini. Mi ne bi trebali da mislimo u meri sa svojom sopstvenom verom već sa tačke gledišta drugih. Čak iako je naše mišljenje ispravno, ili recimo da je i bolje, mi bi trebali i dalje da pratimo mišljenja drugih.

To ne znači, međutim da bi trebali da ih ostavimo tako i da idemo njihovim putem čak iako ti ljudi idu ka putu smrti čineći grehove. Niti bi trebali da budemo u kompromisu sa njima ili da im se pridružimo u praktikovanju neistine. Mi bi trebali ponekad da njih savetujemo i da ih sa ljubavi upozorimo. Mi možemo da dobijemo velike blagoslove kada sledimo mir sa njima uz istinu.

Sledeće, da bi imali mir sa svakim mi ne smemo da insistiramo da našoj sopstvenoj samopravednosti i ograničenosti. „Ograničenost" je ono što jedan misli da je ispravno unutar sopstvene ličnosti, osećaj ispravnosti i prednosti. „Samopravednost" ovde teži da primora druge na nečije mišljenje, verovanja i ideje koje jedan smatra da su uzvišene. Samopravednost i ograničenost su pokazane na različite načine u našim životima.

Šta ako osoba krši pravila u kompaniji da bi opravdao dela misleći da su po njemu pravila pogrešna? On će misliti da radi ono što treba ali svakako njegov šef ili nadređeni će misliti drugačije. Takođe, to je u skladu sa istinom da pratimo mišljenja drugih sve dok nisu neistina.

Svaki pojedinac ima različitu ličnost zato što je svako rastao u različitom okruženju. Svako je dobio drugačije obrazovanje i meru vere. Tako da, svaka osoba ima različit način u osuđivanju pravednog i pogrešnog i dobrog i lošeg. Jedna osoba će možda misliti da je određena stvar pravilna dok će druga misliti da je to pogrešno.

Hajde da govorimo o odnosima između supruga i žene kao primer. Suprug želi da se kuća uvek održava urednom, ali žena to ne čini. Suprug to podnosi sa ljubavlju u početku i sam čisti. Ali kako se ovo nastavlja, on postaje frustriran. On počinje da misli da njegova žena nije dovoljno kućno vaspitana. On se čudi zašto ona ne može da uradi nešto što je tako jednostavno i podesno. On ne razume zašto se njene navike ne menjaju čak i nakon mnogo godina, uprkos učestalim savetima.

Ali sa jedne strane žena takođe ima nešto da kaže. Njeno razočarenje se postavlja uz razmišljanje supruga: „Ja ne postojim samo da bih čistila i održavala domaćinstvo. Ponekad ako ne stignem da očistim on bi trebalo to da uradi sam. Zašto se toliko žali oko toga? Činilo se ranije da je bio voljan da učini sve za mene, ali sada se žali oko tako beznačajnih stvari. On čak i govori o mom kućnom vaspitanju!" Ako svako od njih insistira na svom ličnom mišljenju i željama, oni ne mogu da imaju mir. Mir može da bude utvrđen samo kada oni razmotre tačku gledišta drugog i služe jedan drugome i kada ne gledaju samo sa svoje tačke gledišta.

Isus nam je rekao da, kada mi dajemo naše ponude Bogu, ako mi imamo nešto protiv nekoga od naše braće, mi prvo moramo da se pomirimo sa njim a onda da se vratimo i da damo ponudu. (Jevanđelje po Mateju 5:23-24). Naše ponude će biti prihvaćene od Boga samo nakon što imamo mira sa tim bratom i damo ponude.

Oni koji imaju mir sa Bogom i sa samim sobom neće narušiti mir sa drugima. Oni se neće svađati sa nikim zato što su već odbacili pohlepu, arogantnost, ponos, samopravednost i ograničenost. Čak i kada su drugi zli i uzrokuju probleme, ovi ljudi će žrtvovati sebe da bi na kraju napravili mir.

Reči dobrote su važne

Postoje nekoliko stvari koje moramo da razmotrimo kada pokušavamo da sledimo mir. Veoma je važno da govorimo samo dobre reči da bi održali mir. Poslovice 16:24 kažu: *„Ljubazne su reči saće meda, slast duši i zdravlje kostima.“* Dobre reči daju snagu i ohrabrenje onima koji su obeshrabreni. Oni mogu da postanu dobar lek u oživljavanju duša koje umiru.

Naprotiv, zla dela narušavaju mir. Kada je Rovoam, sin kralja Solomona, dospeo na presto, ljudi deset plemena je pitalo kralja da umanji njihov težak rad. Kralj je odgovorio: *„Moj je otac metnuo na vas težak jaram, a ja ću još dometnuti na nj; otac vas* *je moj šibao bičevima, a ja ću bodljivim bičevima*" (2. Knjiga Dnevnika 10:14). Zbog ovih reči, kralj i ljudi su se otuđili jedni od drugih, što je na kraju dovelo do toga da se zemlja podeli na dva dela.

Čovekov jezik je mali deo tela ali ima neverovatnu moć. To je poput malog plamena koji može izazvati veliku vatru i da uzrokuje veliku štetu ako se ne kontroliše. Iz ovog razloga Jakovljeva Poslanica 3:6 kaže: „*I jezik je vatra, svet put nepravde. Tako i jezik živi među našim udima, poganeći sve telo, i paleći vreme života našeg, i zapaljujući se od pakla.*" Takođe, Poslovice 18:21 kažu: „*Smrt je i život u vlasti jeziku, i ko ga miluje, ješće plod njegov.*"

Naročito, ako govorimo reči mržnje ili žaljenja zbog razlike u mišljenjima, one sadrže loša osećanja i prema tome, neprijatelj đavo i Sotona donose optužbe zbog njih. Takođe, samo teške žalbe i mržnja oživljavaju takva osećanja sa spolja kao reči i dela se veoma razlikuju. Držati bocu mastila u jednom džepu je jedna stvar ali otvaranje boce i pustiti ga da iscuri je sasvim nešto drugo. Ako ga prosipate, ono će uflekati ljude oko vas kao i vas same.

Na isti način, kada činite dela za Boga, vi ćete se možda žaliti samo zato što neke stvari nisu u skladu sa vašim idejama. Onda, neki drugi koji se slaže sa vašom idejom će govoriti na isti način. Ako broj naraste na dvojicu ili trojicu, onda to postaje sinagoga za Sotonu. Mir će biti narušen u crkvi i rast crkve će se zaustaviti. Prema tome, mi uvek moramo da vidimo, čujemo i govorimo samo dobre stvari (Poslanica Efežanima 4:29). Mi čak i ne smemo da čujemo reči koje nisu istina ili dobrota.

Mislite mudro iz pogleda drugih ljudi

Ono što trebamo da razmotrimo kao druge je slučaj gde vi nemate loša osećanja prema drugoj osobi ali ta osoba narušava mir. Ovde, vi treba da mislite da li je to zaista greška druge osobe. Ponekad, nekada ste vi uzrok za druge jer narušavate mir iako to ne shvatate.

Vi možda povređujete osećanja drugih zbog vaše nepažljivosti ili nemudrih reči ili ponašanja. U takvom slučaju, ako nastavite da mislite da niste uzrokovali nikakva teška osećanja prema drugoj osobi vi isto nećete imati mir sa tom osobom niti ćete doći do samog shvatanja koje vam onemogućuje da se promenite. Trebali bi da budete u stanju da proverite da li ste zaista mirotvorac čak i iz pogleda druge osobe.

Iz pogleda vođe, on će možda misliti da održava mir ali možda će njegovim radnicima biti teško. Oni ne mogu jasno da izraze svoja osećanja svojim nadređenima. Oni mogu samo da se nose sa time i da budu unutar povređeni.

Postoji poznata epizoda o prvom ministru Hvang Hi iz dinastije Čosun. On je video farmera koji je orao svoju njivu sa dva bika. Ministar je pitao farmera jakim glasom: „Koji od dva bika radi više?" Farmer je odjednom uhvatio ministra za ruke i odveo ga na daleko mesto. On mu je prošaptao na uvo: „Onaj crni je ponekad lenj, ali onaj žuti radi više." „Zašto si morao dovde da me dovedeš i da mi šapućeš na uvo o bikovima?" Hvang Hi ga je pitao sa osmehom na licu. Farmer je odgovorio: „Čak ni životinje ne vole kada govorimo nešto loše o njima." Kaže se da je Hvang Hi onda shvatio svoju nepromišljenost.

Šta da su dva bika razumela šta je farmer govorio? Žuti bik bi postao arogantan, a crni bik bi bio ljubomoran i uzrokovao bi probleme žutom biku ili bi postao obeshrabljen i radio bi manje nego ranije.

Iz ove priče, mi možemo da naučimo brigu čak i prema životinjama i mi bi trebali da budemo pažljivi da ne govorimo nikakve reči ili da pokazujemo nikakva dela koja mogu biti veličanje. Gde postoji veličanje, postoji ljubomora i arogantnost. Na primer, ako hvalite samo jednu osobu ispred mnogo ljudi, ili ako prekoravate samo jednu osobu ispred mnogo ljudi, onda postavljate osnovu u rastu razdora. Vi bi trebali da budete dovoljno mudri i pametni da ne uzrokujete takve probleme.

Takođe, oni ljudi koji pate zbog veličanja i diskriminacije svojih šefova, a opet ako sami postanu šefovi, oni odvajaju određene pojedince i pokazuju veličanje prema drugima. Ali mi razumemo da ako patite zbog takve nepravde, vi bi trebali da budete veoma pažljivi u svojim rečima i ponašanju kako mir ne bi bio narušen.

Iskren mir u srcu

Druga stvar na koju bi trebali vi da mislite u ispunjavanju mira je da iskren mir mora biti ispunjen u srcu. Čak i oni koji nemaju mir sa Bogom ili sa sobom mogu da imaju mir sa drugim ljudima do neke mere. Mnogi vernici uvek čuju da ne smeju da naruše mir, tako da oni mogu da kontrolišu svoja loša osećanja i sukobe sa drugima koji imaju mišljenja koja se razlikuju od njihovih. Ali nemati spoljašnji konflikt ne znači da oni gaje plod mira. Plod

Duha se gaji ne samo u spoljašnosti već u srcu.

Na primer, ako vas druga osoba ne služi ili vas ne prepoznaje, vi se osećate uvređeno, ali to ne morate da izrazite spolja. Vi ćete možda misliti: „Ja moram da imam malo više strpljenja!" i da pokušate da služite toj osobi. Ali pretpostavimo da se ista stvar dogodi ponovo.

Onda, onda će se nagomilavati nezadovoljstvo. Vi ne možete direktno da izrazite nezadovoljstvo misleći da će to samo povrediti vaš ponos, ali možda ćete indirektno povrediti tu osobu. Na neki način vi ćete možda otkriti taj osećaj da ste proganjani. Ponekad, vi ne razumete druge i to vas sprečava da imate mir sa njima. Vi samo nastavljate da držite zatvorena usta plašeći se da ćete možda imati rasprave ako se svađate. Vi samo prestajete da govorite sa tom osobom i gledate u njega misleći: „On je zao i tako samopravedan ja ne mogu da razgovaram sa njim."

Ovako, vi ne narušavate mir spolja, ali vi nemate dobra osećanja čak ni prema toj osobi. Vi se ne slažete sa njegovim mišljenjem i vi ćete možda i osetiti da ne želite ni da budete u njegovoj blizini. Vi ćete se možda i žaliti o njemu govoreći drugim ljudima o njegovim manama. Vi pominjete neprijatna osećanja govoreći: „On je zaista zloban. Kako neko može uopšte da ga razume i ono što je učinio! Ali da činim dobro, ja njega i dalje trpim." Naravno, bolje je ne narušavati mir na ovaj način nego da direktno narušite mir.

Ali kako bi imali iskreni mir, vi morate da služite drugima iz srca. Vi ne treba da potiskujete takva osećanja i dalje da želite da služite. Vi treba da imate volju da služite i da tražite korist u drugima.

Vi ne treba samo da se smejete sa spolja dok sirite osude

iznutra. Vi treba da razumete druge sa njihove strane gledišta. Samo onda Sveti Duh može da radi. Čak i kad traže samo svoju korist, oni će biti dirnuti u svojim srcima i promeniće se. Kada svaka uključena osoba ima nedostatke, svako može da preuzme krivicu. Na kraju, svako može da ima iskren mir i moći će da podeli svoje srce.

Blagoslovi za mirotvorce

Oni koji imaju mir sa Bogom, sa samim sobom i sa svakim, ima vlast da otera tamu. Tako da, oni mogu da ispune mir u njihovoj okolini. Kao što je zapisano u Jevanđelju po Mateju 5:9: „*Blago onima koji mir grade, jer će se sinovi Božji nazvati,*" oni imaju vlast Božje dece, vlast svetlosti.

Na primer, ako ste vođa crkve, vi možete pomoći vernicima da gaje plod mira. Naime, vi možete njih da snadbete sa Rečju istine jer imate vlast i moć, kako bi se oni udaljili od grehova i slomili svoju samopravednost i ograničenost. Kada se stvaraju sinagoge Sotonine da otuđe ljude jedne od drugih, vi možete da ih uništite sa moćnim rečima. Ovako, vi možete da donesete mir između mnogo različitih ljudi.

Jevanđelje po Jovanu 12:24 kaže: „*Zaista, zaista vam kažem: Ako zrno pšenično padnuvši na zemlju ne umre, ono jedno ostane; ako li umre mnogo roda rodi.*" Isus je žrtvovao Sebe i umro je kao zrno pšenice i gajio je mnogo plodova. On je oprostio mnogim dušama koje umiru i dozvolio im je da imaju mir sa Bogom. Kao rezultat, Gospod Sam postao je Kralj kraljeva i Gospod gospodara dobivši veliko poštovanje i slavu.

Mi možemo da gajimo žetvu u izobilju samo kada mi žrtvujemo sebe. Bog Otac želi da Njegova voljena deca načine žrtvu i „umru kao pšenica" kako bi gajili plodove u izobilju baš kao što je i Isus to uradio. Isus je takođe rekao u Jevanđelju po Jovanu 15:8: „*Tim će se Otac Moj proslaviti, da rod mnogi rodite; i bićete Moji učenici.*" Kao što je rečeno, hajde da pratimo želje Svetog Duha kako bi gajili plodove mira i da povedemo mnogo duša na put spasenja.

Poslanica Jevrejima 12:14 kaže: „*Mir imajte i svetinju sa svima; bez ovog niko neće videti Gospoda.*" Iako ste u potpunosti u pravu, ako drugi imaju neprijatna osećanja zbog vas i ako postoje konflikti, nije ispravno iz pogleda Božjeg i prema tome vi bi trebalo da pogledate unazad na sebe. Onda, vi možete da postanete sveta osoba koja nema nijednu formu zla i koja je u mogućnosti da vidi Gospoda. Da bi učinili tako, ja se nadam da ćete uživati u duhovnoj vlasti na ovoj zemlji i biti nazvani sinom Božjim i da ćete stići do počastvovanog mesta na Nebesima gde ćete moći da vidite Gospoda sve vreme.

Jakovljeva Poslanica 1:4

„A trpljenje neka delo dovršuje,

da budete savršeni i celi bez ikakve mane."

Poglavlje 5

Strpljenje

Strpljenje koje ne treba da bude strpljivo

Plod strpljenja

Strpljenje očeva vere

Strpljenje da se ode u Nebesko kraljevstvo

Strpljenje

Toliko često izgleda da sreća u životu zavisi u tome da li možemo da budemo strpljivi ili ne. Između roditelja i dece i supruga i žene, između rođaka i sa prijateljima, ljudi čine stvari za koje će žaliti zato što nisu dovoljno strpljivi. Uspesi i nedostaci u našim studijama, poslu, poslovanju mogu takođe da zavise od naše strpljivosti. Strpljenje je tako važan elemenat u našim životima.

Duhovno strpljenje i šta je smatrano pod biti strpljiv od svetovnih ljudi se odlučno razlikuje jedna od druge. Ljudi na ovom svetu izdržavaju sa strpljivošću, ali to je telesna strpljivost. Ako oni imaju teška osećanja, oni pate toliko mnogo pokušavajući da ih potisnu. Oni možda stiskaju svoje zube ili čak prestaju da jedu. Na kraju to dovodi do problema u nervozi ili depresiji. Ipak oni kažu da takvi ljudi koji mogu da potisnu svoja osećanja dobro pokazuju svoju strpljivost. Ali ovo ni malo nije duhovna strpljivost.

Strpljenje koje ne treba da bude strpljivo

Duhovna strpljivost nije biti strpljiv sa zlobom već samo sa dobrotom. Ako ste vi strpljivi sa dobrotom, vi možete da prevaziđete nevolje sa zahvalnosti i nadom. Ovo će dovesti da imate široko srce. Suprotno tome, ako ste strpljivi sa zlobom vaša bolesna osećanja će isklijati i vaše srce će neverovatno postati okrutno.

Pretpostavimo da neko psuje i uzrokuje bol bez razloga. Vi ćete možda osetiti da je vaš ponos povređen i čak ćete se osetiti kao žrtva, ali vi takođe možete to da potisnete sa mislima da treba da budete strpljivi u skladu sa Reči Božjom. Ali vaše lice postaje crveno, vaši uzdisaji postaju brži i vaše usne zategnute kao da pokušavate da kontrolišete vaše misli i emocije. Ako vi potisnete osećanja na ovaj način, ona mogu kasnije da se pojave ako se stvari pogoršaju. Takva strpljivost nije duhovna strpljivost.

Ako vi imate duhovnu strpljivost, vaše srce neće biti ni od čega uznemireno. Čak iako ste pogrešno optuženi za nešto, vi samo pokušavate da se i drugi ljudi smire misleći da mora da postoji neka vrsta nesporazuma. Ako vi imate ovakvo srce, vi nećete morati da „istrajete“ ili „oprostite“ nekome. Hajde da vam dam lakše upoređenje.

Hladne zimske noći, na nekoj kući radila su svetla do kasno u noć. Beba u kući je imala temperaturu koja je rasla iznad 40 °C (104 °F). Detetov otac je nakvasio njegovu kratku majicu i držao je bebu. Kada je otac stavio hladan peškir na bebu ona se iznenadila i nije joj se to svidelo. Ali beba se osećala prijatno u očevim rukama, iako je kratka majica bila na momenat hladna.

Kada se kratka majica zagrejala zbog bebine temperature, otac bi je opet pokvasio sa hladnom vodom. Otac je morao da kvasi njegovu kratku majicu vrlo često puta pre nego što je jutro došlo. Ali izgledalo je da on ni malo nije osećao umor. Umesto toga on je gledao umiljatim očima na svoju bebu koja je spavala bezbedno u njegovim rukama.

Čak iako je bio budan celu noć, on se nije žalio na svoju glad ili žeđ. On nije imao slobodnog vremena da razmišlja o svom telu. Sva njegova pažnja je bila fokusirana na bebu i na misli šta da učini da se njegov sin oseća bolje i kako da mu bude udobnije. I kada se beba osećala bolje, on nije razmišljao o njegovom trudu. Kada mi volimo nekoga, mi automatski možemo da izdržimo nevolje i trud i zbog toga, mi nećemo morati da budemo strpljivi zbog ničega.

Ovo je duhovno značenje „strpljivosti."

Plod strpljenja

Mi možemo da nađemo „strpljivost" u 1. Poslanici Korinćanima poglavlje 13, „Poglavlje Ljubav," i ovo je strpljivost da kultivišemo ljubav. Na primer, ono kaže da ljubav ne traži svoje. Kako bi odustali od onoga što želimo i tražili korist drugih prvo u skladu sa ovom rečju, mi ćemo se suočiti sa situacijama koje zahtevaju našu strpljivost. Strpljenje u „Poglavlje Ljubav" je strpljenje da kultivišemo ljubav.

Ali strpljenje koje je jedno od plodova Svetog Duha je strpljenje u svemu. Ovo strpljenje je veći nivo nego strpljenje u duhovnoj ljubavi. Postoje teškoće kada pokušavamo da postignemo cilj, bilo da je to zbog kraljevstva Božjeg ili ličnog zadovoljstva. Tu će biti žalosti i trud u trošenju naše snage. Ali mi možemo strpljivo da istrajemo sa verom i ljubavi zato što imamo nadu da požanjemo plodove. Ova vrsta strpljenja je strpljenje kao jedno od plodova Svetog Duha. Postoje tri aspekta ovog strpljenja.

Prvo je strpljenje da promenimo naše srce.

Što više imamo zla u srcu, mnogo je teže da budemo strpljivi. Ako mi imamo meru ljutnje, arogancije, pohlepe, samopravednosti i sami stvaramo ograničenost, mi ćemo imati karakter i loša osećanja koja mogu da narastu u beznačajnim stvarima.

Postojao je član crkve čija je mesečna zarada bila oko 15.000 američkih dolara, i u nekom određenom mesecu njegova zarada je bila manja nego obično. Onda se on zavidno žalio protiv Boga.

Kasnije je priznao da nije bio zahvalan zbog priliva u kojem je uživao zato što je imao pohlepu u svom srcu.

Mi bi trebali da budemo zahvalni za sve što nam Bog daje, čak iako ne zarađujemo toliko mnogo novca. Ona, pohlepa neće rasti u našim srcima i mi ćemo moći da dobijemo blagoslove od Boga.

Ali kako odbacimo zlo i postanemo posvećeni, biće nam lakše i lakše da budemo strpljivi. Mi možemo da izdržimo tiho čak i u teškim situacijama. Mi samo možemo da razumemo i oprostimo drugima a da ne moramo ništa da potiskujemo.

Jevanđelje po Luki 8:15 kaže: „*A koje je na dobroj zemlji to su oni koji reč slušaju, i u dobrom i čistom srcu drže, i rod donose u trpljenju.*" Naime, oni koji imaju dobra srca poput dobre zemlje, mogu biti strpljivi sve dok ne gaje dobre plodove.

Međutim mi opet moramo da izdržimo i mi treba da uložimo snagu da promenimo naša srca u dobru zemlju. Svetost ne može biti odma dostignuta samo sa našom željom da je imamo. Mi moramo sebe da načinimo pokornim u istini moleći se revnosno sa svim svojim srcem i sa postom. Mi moramo da odustanemo od onoga šta smo voleli i ono što nije duhovno korisno mi treba da odbacimo. Mi ne smemo da se samo zaustavimo u sredini ili samo da odustanemo nakon što smo pokušali nekoliko puta. Sve dok ne požnjemo plodove posvećenja u potpunosti i dok ne postignemo cilj, mi moramo da damo sve od sebe sa samokontrolom i da radimo po Reči Božjoj.

Poslednje odredište u našoj veri je nebesko kraljevstvo i naročito najlepše mesto boravka, Novi Jerusalim. Mi moramo da nastavimo da radimo marljivo i strpljivo sve dok ne dostignemo naše odredište.

Ali ponekad, mi vidimo slučajeve u kojima ljudi doživljavaju usporenje u brzini posvećenja njihovih srca nakon što su vodili hrišćanski život.

Oni su brzo odbacili „dela mesa" zato što su to grehovi koji su primetni spolja. Ali zato što se ne vide od spolja „dela mesa," koliko brzo će ih odbaciti ako su usporeni. Kada naiđu na neistinu u njima, oni se silno mole da je odbace ali zaboravljaju na to posle nekoliko dana. Ako želite da uklonite korov u potpunosti, vi ne čupate samo listove, već morate da je iščupate iz korena. Isti princip je primenjen i sa grešnom prirodom. Vi morate da se molite i da promenite vaše srce sve do kraja sve dok ne izvadite korov grešne prirode.

Kada sam ja bio novi vernik, ja sam se molio da odbacim određene grehove zato što sam razumeo dok sam čitao Bibliju da Bog mnogo mrzi grešne osobine kao što su mržnja, karakter i arogancija. Kada sam se uporno pridržavao mog sebičnog pogleda nisam mogao da odbacim mržnju i loša osećanja iz mog srca. Ali u molitvama Bog mi je dao milost da razumem druge sa njihove tačke gledišta. Sva moja teška osećanja protiv njih su se istopila i moja mržnja je nestala.

Naučio sam da budem strpljiv kako sam odbacio ljutnju. U situacijama kada sam bio nepravedno optužen, ja sam brojao u svojim mislima: „jedan, dva, tri, četiri..." i držao sam se reči koje sam želeo da izgovorim. Na početku bilo mi je teško da zadržim svoj stav, ali sam nastavljao da pokušavam, moja ljutnja i iritacije su uveliko otišle. Na kraju, čak i u veoma ljutim i provokativnim situacijama, ja nisam imao ništa što je izlazilo iz mojih misli.

Verujem da mi je trebalo tri godine da odbacim arogantnost. Kada sam bio početnik u veri nisam čak ni znao šta je to arogancija, ali sam se samo molio da to odbacim. Ja sam nastavljao da proveravam sebe dok sam se molio. Kao rezultat, mogao sam da poštujem i divim se čak i onim ljudima koji su se činili inferiornijim od mene u mnogim aspektima. Kasnije, došao sam da služim drugim pastorima sa istim stavom bilo da su oni bili na vodećim pozicijama ili tek rukopoloženi. Nakon tri godine strpljivih molitva, ja sam shvatio da nemam nikakvih atributa arogancije u meni i od tog vremena pa na dalje nisam više morao da se molim za arogantnost.

Ako vi ne iščupate korov grešne prirode, taj određeni atribut greha će izaći u ekstremnoj situaciji. Vi ćete se možda razočarati kada shvatite da još uvek imate osobine neiskrenog srca za koje ste mislili da ste odbacili. Vi ćete možda biti obeshrabreni misleći: „Ja sam se toliko trudio da to odbacim, ali to je još u meni."

Vi ćete možda naći forme neistine sve dok ne iščupate pravi korov grešne prirode, ali to ne znači da ne činite duhovni napredak. Kada oljuštite luk, vi ćete videti da isti broj slojeva dolazi opet i opet. Ali ako nastavite da skidate bez prestanka, luk će na kraju nestati. To je isto i sa grešnom prirodom. Vi ne smete da postanete obeshrabreni samo zato što je niste još uvek odbacili. Vi treba da imate strpljivost i da nastavite da pokušavate čak i još više dok gledate unapred i vidite sebe kako se menjate.

Neki drugi ljudi se obeshrabruju ako ne dobiju materijalne blagoslove nakon što su radili po Reči Božjoj. Oni misle da nisu dobili ništa zauzvrat osim gubitka kada rade i čine sa dobrotom. Neki ljudi se čak žale da su marljivo posećivali crkvu ali nisu dobili blagoslove. Naravno, nema razloga da bi se žalili. To je samo zato što nisu dobili blagoslove od Boga zato što i dalje praktikuju neistinu i nisu odbacili stvari za koje Bog govori da treba da odbacimo.

Činjenica zbog koje se žale dokazuje je centar njihove vere zagubljen. Vi se nećete umoriti kada činite dela u dobroti i istini sa verom. Što više činite u dobroti, mnogo radosniji ćete postati, tako da ćete težiti za još više stvari u dobroti. Kada postanete posvećeni sa verom na ovaj način, vaša duša će napredovati, sve stvari će vam ići dobro i vi ćete biti zdravi.

Druga vrsta strpljenja je ona između ljudi.

Kada utičete na ljude koji imaju različite ličnosti i obrazovanje, možda ćete imati situacije koje rastu. Naročito, crkva je mesto gde se ljudi iz široke oblasti i porekla okupljaju. Tako da, počev od nebitnih stvari pa do velikih i ozbiljnih problema, vi ćete možda imati različita mišljenja i takođe može biti narušen i mir.

Onda, ljudi će možda govoriti: „Njegov način mišljenja se u potpunosti razlikuje od mojeg. Veoma mi je teško da radim sa njim zato što imamo različite ličnosti." Ali čak i između supruga i žene, koliko parova će imati ličnost koja je savršeno poklapa? Njihove životne navike i ukusi su različiti ali moraju jedan drugom da doprinose da bi pristajali jedan drugome.

Oni koji žude za posvećenjem biće strpljivi u bilo kojoj vrsti situacije sa bilo kojom osobom i održavaće mir. Čak i u nekim teškim i neprijatnim situacijama oni će pokušavati da budu ljubazni prema drugima. Oni uvek razumeju druge sa dobrim srcem i trpe dok teže za dobrobit drugih. Čak i kada drugi čine sa zlobom, oni su samo sa njima. Oni uzvraćaju na ovo zlo samo sa dobrotom a ne sa zlobom.

Mi takođe moramo da budemo strpljivi kada evangelizujemo i branimo duše, ili kada uvežbavamo crkvene radnike da ispunjavaju kraljevstvo Božje. Dok sam radio u pastorskoj službi, video sam mnoge ljude čije su promene odvijale veoma sporo. Kada su se oni sprijateljili sa svetom i osramotili Boga, ja sam lio mnogo suza u žalosti ali sa moje strane ja nikada nisam odustajao od njih. Uvek sam bio sa njima jer sam imao nadu da će se jednog dana promeniti.

Kada sam podizao crkvene radnike morao sam da budem strpljiv mnogo dug period. Nisam mogao da usmerim sve podređene ili da ih samo nateram da urade ono što sam želeo. Čak iako sam znao da će se stvari ispuniti veoma polako, ja nisam mogao da oduzmem dužnosti crkvenim radnicima govoreći im: „Vi niste dovoljno sposobni. Vi ste otpušteni." Ja sam samo bio sa njima i vodio ih sve dok nisu postali sposobni. Ja sam njih čekao pet, deset ili petnaest godina kako bi oni mogli da imaju sposobnost da ispune njihove dužnosti kroz duhovni trening.

Ne samo kada ne gaje nikakav plod, već takođe i kada rade stvari pogrešno, ja izdržavam sa njima kako ne bi posustali. Možda bi bilo lakše ako bi druga osoba radila umesto njih, ili ako je ta osoba zamenjena sa nekim ko je sposoban. Ali razlog zašto izdržavam sve do kraja je zbog svake duše ponaosob. To je i takođe da bi se u potpunosti ispunilo kraljevstvo Božje.

Ako vi vidite seme strpljenja na ovaj način, vi ćete svakako gajiti plod u skladu sa Božjom pravdom. Na primer, ako izdržavate sa nekom osobom sve dok se ne promene, molite se za njih sa suzama, imaćete široko srce da zaštitite sve njih. Tako da, vi ćete gajiti vlast i moć da oživite mnoge duše. Vi ćete gajite moć da promenite duše koje štitite u srcu kroz molitve pravednog čoveka. Takođe, ako kontrolišete vaše srce i posadite seme u istrajanju čak i u licu lažnih optužba, Bog će vam dozvoliti da požnjete plod blagoslova.

Treće je strpljenje u našem odnosu sa Bogom.

To se odnosi na strpljivost koju bi trebali da imate sve dok ne dobijete odgovore na vaše molitve. Jevanđelje po Marku 11:24 kaže: *„Zato vam kažem, sve što ištete u svojoj molitvi verujte da ćete primiti, i biće vam.“* Mi možemo da verujemo svim rečima u šezdeset i šest knjiga Biblije ako imamo veru. Postoje obećanja Božja da ćemo dobiti šta smo tražili i zbog toga mi možemo da uradimo sve sa molitvom.

Ali naravno, to ne znači da možemo samo da se molimo i ne radimo ništa. Mi treba da praktikujemo Reč Božju na način za nas da bi mogli da dobijemo odgovore. Na primer, student čije su ocene rangirane kao srednje u njegovom razredu moli se da postane najbolji student. Ali on drema na časovima i ne uči. Da li će moći da bude on najbolji u svom razredu? On mora da naporno uči dok se moli kako bi Bog mogao da mu pomogne da postane najbolji u razredu.

Isto je i sa poslovanjem. Vi se iskreno molite da vaš posao napreduje, ali vaš cilj je da imate drugu kuću, da investirate u nekretnine da imate luksuzniji automobil. Da li ćete vi moći da dobijete odgovore na vaše molitve? Naravno, Bog želi da Njegova deca žive život u izobilju, ali Bog ne može da bude zadovoljan molitvama u kojima su tražene stvari da bi se ispunila nečija pohlepa. Ali ako želite da dobijete blagoslove da pomognete onima kojima je potrebna pomoć i da podržite misionarska dela i ako pratite pravi put i ne radite ništa nelegalno, Bog će vas sigurno povesti na put blagoslova.

Postoje mnoga obećanja u Bibliji na koja će Bog odgovoriti u molitvama dece. Ali u većini slučajeva ljudi ne dobijaju svoje odgovore zato što nisu dovoljno strpljivi. Ljudi traže odgovor odjednom, ali Bog im možda neće odgovoriti odmah.

Bog njima odgovara u najprikladnijem i odgovarajućem momentu zato što On zna sve. Ako je tema njihove molitve nešto što je veliko i važno, Bog može da im odgovori samo kada je količina molitve ispunjena. Kada se Danijel molio da dobije otkrivanje duhovnih stvari, Bog mu je poslao Njegovog anđela da bi mu odgovorio na molitvu odmah nakon što je David počeo da se moli. Ali prošao je dvadeset i jedan dan pre nego što se David u stvari sreo sa anđelom. Za taj dvadeset i jedan dan David je nastavio da se moli istim iskrenim srcem kao i kada je počeo da se moli. Ako mi zaista verujemo da smo već dobili nešto, onda nije teško čekanje da to i dobijemo. Mi ćemo samo misliti na radost koju ćemo imati kada u stvari dobijemo rešenja za problem.

Neki vernici čekaju sve dok ne dobiju ono što su tražili od Boga u molitvi. Oni mogu da se mole i poste da bi tražili od Boga, ali ako odgovor ne dođe veoma brzo oni će možda odustati misleći da Bog neće da im odgovori.

Ako mi zaista verujemo i molimo se, mi se nećemo osećati obeshrabreno ili nećemo odustati. Mi ne znamo kada će odgovor stići: sutra, noćas, nakon sledeće molitve ili nakon godinu dana.

Bog zna savršeno vreme da nam da odgovor.

Jakovljeva Poslanica 1:6-8 kaže: *„Ali neka ište s verom, ne sumnjajući ništa; jer koji se sumnja on je kao morski valovi, koje vetrovi podižu i razmeću. Jer takav čovek neka ne misli da će primiti šta od Boga, koji dvoumi nepostojan je u svima putevima svojim."*

Jedina važna stvar je koliko verujemo kada se molimo. Ako mi zaista verujemo da smo već dobili odgovor, mi možemo biti srećni i biće nam drago u bilo kojoj situaciji. Ako mi imamo veru da dobijemo odgovor, mi ćemo se moliti da činimo sa verom sve dok nam plod ne bude dat u ruke. Šta više, kada prolazimo kroz tugu u srcu i osuđivanja dok činimo dela Božja, mi možemo gajiti plodove dobrote samo kroz strpljenje.

Strpljenje očeva vere

Postojaće teški momenti kada se trči na maratonu. A radost završene trase nakon prevazilaženja tako teških momenta će biti tako velika da mogu da je razumeju samo oni koji su je iskusili. Božja deca koja učestvuju u trci za verom mogu takođe da se suoče sa poteškoćama s vremena na vreme, ali sve mogu da prevaziđu gledajući na Isusa Hrista. Bog će im dati Njegovu milost i snagu i Sveti Duh će im takođe pomoći.

Poslanica Jevrejima 12:1-2 kaže: *„Zato, dakle, i mi imajući oko sebe toliku gomilu svedoka, da odbacimo svako breme i greh koji je za nas prionuo, i s trpljenjem da trčimo u bitku koja nam je određena, gledajući na Načelnika vere i Svršitelja Isusa, koji mesto određene sebi radosti pretrpe krst, ne mareći za* *sramotu, i sede s desne strane prestola Božijeg.*"

Isus je patio od velikog prezira i ismevanja od Njegovih stvorenja sve dok On nije ispunio proviđenje Spasenja. Ali pošto je On znao da će sesti sa desne strane Božjeg prestola i da će spasenje biti dato čovečanstvu, On je izdržao sve do kraja ne misleći o fizičkoj sramoti. Nakon svega, On je umro na krstu uzimajući grehove čovečanstva i On je vaskrso trećeg dana da bi otvorio put spasenja. Bog je postavio Isusa kao Kralja nad kraljevima i kao Gospodara nad gospodarima zato što se On povinovao sve do smrti sa ljubavlju i verom.

Jakob je bio unuk Avrama i on je postao otac Izraelske nacije. On je imao uporno srce. On je uzeo nasledstvo od svog brata Isava na prevaru i pobegao je u Haran. On je dobio obećanje od Boga u Vitlejemu.

Postanak 28:13-15 kaže: „*...tu zemlju na kojoj spavaš tebi ću dati i semenu tvom. I semena će tvog biti kao praha na zemlji, te ćeš se raširiti na zapad i na istok i na sever i na jug, i svi narodi na zemlji blagosloviće se u tebi i u semenu tvom. I evo, ja sam s tobom, i čuvaću te kuda god pođeš, i dovešću te natrag u ovu zemlju, jer te neću ostaviti dokle god ne učinim šta ti rekoh.*" Jakob je izdržao u njegovim iskušenjima dvadeset godina i na kraju je postao otac svim Izraelcima.

Josif je bio jedanaesti sin Jakoba i među svom braćom on je sam dobio svu ljubav od oca. Jednog dana on je bio prodat kao rob u Egiptu od ruke svoje braće. On je postao rob u tuđoj zemlji ali nije bio obeshrabren. On je radio najbolje što je mogao u svom poslu i njegov gospodar ga je cenio zbog njegove vernosti. Njegova situacija se poboljšala zato što je vodio brigu o svim stvarima u gospodarovom domaćinstvu ali je bio pogrešno optužen i stavljen u politički zatvor. To je bilo jedno iskušenje za drugim.

Naravno, svi koraci su bili milost Božja u procesu njegove pripreme da postane prvi ministar Egipta. Ali niko to nije znao osim Boga. Ipak, Josif nije bio obeshrabren čak ni u zatvoru, zato što je on imao veru i verovao je u obećanja koja mu je Bog dao u vremenu njegovog detinjstva. On je verovao da će Bog ispuniti njegov san u kome će se sunce i mesec i jedanaest zvezda njemu klanjati i nije bio pod uticajem u nikakvoj situaciji. On je u potpunosti verovao Bogu i izdržao je u svim stvarima i pratio je pravi put u skladu sa Reči Božjom. Njegova vera je bila iskrena vera.

Šta da ste vi bili u istoj situaciji? Možete li da zamislite šta je on osećao 13 godina od dana kada je bio prodat kao rob? Vi bi ste se verovatno molili toliko mnogo ispred Boga da se izbavite iz ovakve situacije. Vi bi verovatno proveravali sebe i pokajali bi se u svim stvarima koje bi vam padale na pamet kako bi samo dobili odgovor od Boga. Vi bi takođe tražili milost Božju sa mnogo suza i iskrenim rečima. I kad ne bi dobili odgovor godinu dana, dve godine i čak deset godina već samo još teže situacije, kako bi ste se osećali?

On je bio zarobljen u najsnažnijim godinama njegovog života i kako je video da dani prolaze besmisleno on bi se osećao toliko jadno da nije imao veru koju je imao. Da je mislio na njegov dobar život koji je imao u očevoj kući on bi se osećao još jadnije. Ali Josif je uvek verovao Bogu koji ga je gledao i čvrsto je verovao u ljubav Božju koji mu je u pravo vreme davao najbolje. On nikada nije gubio nadu u depresivnim momentima i činio je odano i dobro jer je bio strpljiv sve dok se njegov san nije ostvario.

David je takođe bio prepoznat od Boga kao čovek po Božjem srcu. Ali čak i kada je bio pomazan za sledećeg kralja, on je morao da prođe kroz mnogo iskušenja uključujući i proganjanje od kralja Saula. On je imao mnogo situacija bliskih smrti. Ali što je izdržao u ovim teškim situacijama on je postao veliki kralj koji je mogao da vlada nad Izraelom.

Jakovljeva Poslanica 1:3-4 kaže: „*...znajući da kušanje vaše vere gradi trpljenje. A trpljenje neka delo dovršuje, da budete savršeni i celi bez ikakve mane.*" Ja vam naređujem da u potpunosti kultivišete ovu strpljivost. Ova strpljivost će povećati vašu veru i probudiće i proširiće vaše srce da bi postalo zrelije. Vi ćete iskusiti blagoslove i odgovore Božje koje vam je On obećao ako u potpunosti ispunite strpljivost (Poslanica Jevrejima 10:36).

Strpljenje da se ode u Nebesko kraljevstvo

Nama je potrebno strpljenje da odemo u Nebesko kraljevstvo. Neki kažu da će uživati u svetu dok su mladi i da će početi da posećuju crkvu nakon što postanu stari. Neki drugi vode marljiv život u veri u nadi za Gospodnjim dolaskom, ali onda gube strpljenje i menjaju svoje mišljenje. Zato što Gospod ne dolazi toliko brzo kao što su očekivali, oni osećaju da je veoma teško da nastave da budu marljivi u veri. Oni kažu da će da se malo odmore u pročišćavanju njihovih srca i dok čine Božja dela, a kada budu sigurni da su videli znak Gospodovog dolaska, oni će se više potruditi.

Ali niko ne zna kada će Bog pozvati našu dušu, ili kada će Gospod doći. Čak iako znamo unapred za to vreme, mi ne možemo da imamo veru onoliko koliko želimo. Ljudi ne mogu samo da imaju duhovnu veru da bi dobili spasenje onoliko koliko žele. To je dato samo sa milost Božju. Neprijatelj đavo i Sotona ih čak i neće ostaviti da tek tako lako dobiju spasenje. Osim toga ako vi imate nadu da odete u Novi Jerusalim na Nebu, vi možete da uradite sve strpljivo.

Psalmi 126:5-6 govore: „*Koji su sa suzama sejali, neka žanju s pevanjem. Ide i plače koji nosi seme da seje; poći će s pesmom noseći snopove svoje.*" Mora zasigurno postojati naš napor, suze i žalost dok sadimo seme i gajimo ga. Ponekad, neizbežno je da kiša nekada neće pasti, ili da će se dogoditi neki uragan ili će mnogo kiša da uništi useve. Ali na kraju svega, mi ćemo svakako imati radost u obilnoj žetvi u skladu sa pravilima pravde.

Bog čeka hiljadu godina kao jedan dan da okupi decu i On podnosi bol darujući Njegovog jedinorodnog Sina za nas. Gospod je izdržao patnju krsta i Sveti Duh se takođe nosio sa neopisivim jecajima za vreme ljudske kultivacije. Ja se nadam da ćete vi u potpunosti kultivisati, duhovnu strpljivost, sećajući se na ovu ljubav Božju kako bi mogli da imate plodove blagoslova na oba mesta i na zemlji i na Nebu.

Jevanđelje po Luki 6:36

„Budite dakle milostivi kao

i Otac vaš što je milostiv.“

Poglavlje 6

Dobrota

Razumevanje i praštanje drugima sa plodom dobrote

Potreba da imaju srce i želje kao one Gospodove

Odbacivanje predrasuda da bi imali dobrotu

Milost za one u poteškoćama

Ne pokazujte tako olako nečije mane

Budite velikodušni prema svima

Dodelite čast drugima

Dobrota

Ponekad ljudi kažu da ne mogu da razumeju određenu osobu čak iako su oni pokušavali da je razumeju, ili da iako su pokušali da oproste osobi, nisu mogli da joj oproste. Ako smo mi odgajili plodove dobrote u našim srcima, neće postojati ništa što nećemo razumeti i neće postojati niko kome ne možemo oprostiti. Mi ćemo moći da razumemo svaku vrstu osobe sa dobrotom i da prihvatimo svaku vrstu osobe sa ljubavi. Mi nećemo reći da nam se neka osoba dopada zbog određenog razloga i da nam se ne sviđa neka osoba zbog nekog drugog razloga. Neće nam smetati niti ćemo mrzeti nekoga. Mi nećemo imati loše odnose niti loša osećanja prema nekome da ne pominjem da imamo i neprijatelje.

Razumevanje i praštanje drugima sa plodom dobrote

Dobrota je kvalitet ili stanja kada si dobar. Ali duhovno značenje dobrote je nekako bliže milosti. I duhovno značenje milosti je „razumeti u istini čak i one koji ne mogu biti nikako shvatljivi od strane ljudi." To je takođe srce koje ima sposobnost da oprosti u istini čak i onima kojima od strane ljudine može biti oprošteno. Bog pokazuje saosećanje prema čovečanstvu sa milosnim srcem.

Psalmi 130:3 govore: „*Ako ćeš na bezakonje gledati, GOSPODE, GOSPODE, ko će ostati?*" Kao što je zapisano, da Bog nema milosti i da nam sudi u skladu sa pravdom, niko ne bi mogao da stane ispred Boga. Ali Bog je oprostio i prihvatio čak i one kojima niti može biti oprošteno niti mogu biti prihvaćeni da se zakon primenjuje. Šta više, Bog je dao život Njegovog jednog i jedinog Sina da bi spasio takve ljude od večne smrti. Pošto smo postali Božja deca verujući u Gospoda, Bog želi da mi kultivišemo ovo srce milosti. Iz ovog razloga, Bog govori u Jevanđelju po Luki 6:36: *„Budite dakle milostivi kao i Otac vaš što je milostiv."*

Ova milost je nešto slično ljubavi ali se takođe razlikuje na mnoge načine. Duhovna ljubav je mogućnost da se žrtvujemo za druge bez ikakve cene za to, dok je milost više praštanje i prihvatanje. Naime, to je mogućnost da se prihvati i zagrli sve od neke osobe a ne da ga pogrešno shvatamo ili mrzimo čak iako nije vredan dobijanja ni malo ljubavi. Vi nećete nekoga mrzeti ili izbegavati samo zato što su njegova mišljenja drugačija od vaših već ćete umesto toga postati jači i njemu udovoljiti. Ako imate toplo srce da prihvatite druge, vi nećete otkrivati njihovu krivicu i pogrešna dela, već ćete ih prikriti i prihvatiti ih kako bi mogli da imate predivan odnos sa njima.

Postojao je jedan događaj koji je otkrio veoma jasno ovo srce milosti. Jednog dana Isus se molio celu noć na planini maslina i ujutru je sišao u Hram. Mnogo ljudi se okupilo kako je On seo dole i nastalo je uzbuđenje kako je On propovedao Reč Božju. Postojali su neki pisari i Fariseji između mase koji su doveli ženu ispred Isusa. Ona je drhtala od straha.

Oni su rekli Isusu da je žena uhvaćena u delima preljube i pitali su Njega šta bi On uradio njoj pošto Zakon kaže da takva žena mora biti kamenovana do smrti. Da je Isus rekao da je kamenuju, to ne bi bilo u skladu sa Njegovim učenjem koje kaže: „Volite svoje neprijatelje." Ali da im je rekao da joj oproste to bi bilo kršenje Zakona. Izgledalo je da je Isus stavljen u tešku situaciju. Isus je međutim, napisao nešto na zemlji kao što je zapisano u

Jevanđelju po Jovanu 8:7: „*Koji je među vama bez greha neka najpre baci kamen na nju.*" Ljudi su imali grižu savesti i odlazili su jedan po jedan. Na kraju, tamo su ostali samo Isus i žena.

U Jevanđelju po Jovanu 8:11 Isus je njoj rekao: „*Ni ja te ne osuđujem. Idi. I odsele više ne greši.*" Rekavši: „*Ni ja te ne osuđujem,*" znači da joj je On oprostio. Isus je oprostio ženi kojoj ne može biti oprošteno i dao joj šansu da se odvrati od njenih grehova. Ovo je srce milosti.

Potreba da imaju srce i želje kao one Gospodove

Milost je da se iskreno oprosti i da se vole čak i neprijatelji. Baš kao što se majka brine za svoje novorođenče, mi ćemo prihvatiti i zagrliti svakoga. Čak i kada ljudi imaju velike greške ili su počinili teške grehove, mi ćemo radije imati prvo milost nego da širimo osude i da ih optužujemo. Mi ćemo mrzeti grehove ali ne i grešnike; mi ćemo razumeti tu osobu i pokušati da ga pustimo da živi.

Pretpostavimo da postoji dete sa veoma krhkim telom i koje je često bolesno. Kako će se majka osećati prema ovom detetu? Ona se neće pitati zašto je takav rođen i zašto joj zadaje toliko poteškoća. Ona neće mrzeti dete zbog toga. Ona će radije imati još više ljubavi i saosećanja prema njemu nego prema detetu koje je zdravo.

Postojala je majka čiji je sin bio mentalno zaostao. Umesto da je dostigao dvadesetu godinu njegov mentalni um je bio na nivo dvogodišnjaka i majka nije skidala pogled sa njega. I pored toga, ona nikada nije mislila da je teško da se brine o njenom sinu. Ona je samo osećala simpatije i suosećala se sa svojim sinom dok je brinula o njemu. Ako mi gajimo ovu vrstu milosti u potpunosti, mi ćemo imati milost ne samo za našu decu nego za svakoga.

Isus je propovedao jevanđelje nebeskog kraljevstva za vreme Njegovog javnog službovanja. Njegova glavna publika nisu bili bogati i moćni; već oni koji su bili siromašni, zanemareni ili oni koje su ljudi smatrali grešnicima, kao što su poreznici ili bludnici.

To je bilo isto i kada je Isus birao Njegove učenike. Ljudi mogu da misle da bi bilo mudrije da se izaberu učenici od onih koji su bili u potpunosti upoznati sa Božjim zakonom, jer bi bilo lakše njima da uče Reč Božju. Ali Isus nije odabrao takve učenike. Kao Njegove učenike On je odabrao Mateja, koji je bio poreznik; Petra, Andreja, Jakova i Jovana koji su bili ribari.

Isus je takođe izlečio različite vrste bolesti. Jednog dana, On je izlečio osobu koja je bila bolesna trideset osam godina i čekala da se zaljulja voda u bazenu Vitezda. On je živeo u bolu bez da je imao nade za životom, ali niko nije obraćao pažnju na njega. Ali Isus je došao kod njega i pitao ga: „Da li želiš da se oporaviš?" i izlečio ga.

Isus je takođe izlečio ženu koja je krvarila dvanaest godina. On je otvorio oči Vartimeju, koji je bio slepi prosjak (Jevanđelje po Mateju 9:20-22; Jevanđelje po Marku 10:46-52). Na Njegovom putu do grada nazvanog Nain, On je video udovicu čiji je jedini sin umro. On se sažalio na nju i oživeo je mrtvog sina (Jevanđelje po Luki 7:11-15). Pored ovih, On je brinuo o onima koji su bili ugnjetavani. On je postao prijatelj zanemarenima kao što su bili poreznici i grešnici.

Neki ljudi su Njega kritikovali zato što je On jeo sa grešnicima, govoreći mu: *„Zašto s carinicima i grešnicima učitelj vaš jede i pije?"* (Jevanđelje po Mateju 9:11). Ali kada je Isus čuo za ovo On je rekao: *„Ne trebaju zdravi lekara nego bolesni. Nego idite i naučite se šta znači: Milosti hoću, a ne priloga, jer ja nisam došao da zovem pravednike no grešnike na pokajanje"* (Jevanđelje po Mateju 9:12-13). On nas je učio o srcu koje je saosećajno i milosno za grešnike i bolesne.

Isus nije došao samo za bogate i ispravne već prvenstveno zbog siromašnih i bolesnih i grešnika. Mi možemo brzo da gajimo plodove milosti kada se ugledamo na ovo srce i na želje Isusa. Sada, hajde da se udubimo u ono šta treba da uradimo da bi konkretno gajili plod milosti.

Odbacivanje predrasuda da bi imali dobrotu

Svetovni ljudi tako često osuđuju ljude na osnovu izgleda. Njihovi stavovi prema ljudima se menjaju u zavisnosti da li ih vide ili ne kao bogate ili slavne. Božja deca ne smeju da osuđuju ljude po njihovom izgledu ili da menjaju svoj stav u srcu zbog izgleda. Mi treba da smatramo čak i malu decu ili one koji su niži od nas da su bolji nego mi sami i da im služimo sa srcem Gospoda.

Jakovljeva poslanica 2:1-4 kaže: *„Braćo moja, u veri Gospoda našeg slavnog Isusa Hrista ne gledajte ko je ko. Jer ako dođe u crkvu vašu čovek sa zlatnim prstenom i u svetloj haljini, a dođe i siromah u rđavoj haljini, i pogledate na onog u svetloj haljini, i kažete mu: 'Ti sedi ovde lepo', a siromahu kažete: 'Ti stani* *tamo, ili sedi ovde niže podnožja mog'; i ne rasudiste u sebi, nego biste sudije zlih pomisli?"*

Takođe, 1. Petrova Poslanica 1:17 kaže: *„I ako zovete Ocem Onog koji, ne gledajući ko je ko, sudi svakome po delu, provodite vreme svog življenja sa strahom."*

Ako mi gajimo plodove milosti, mi nećemo osuđivati druge zbog njihovog izgleda. Mi bi trebali takođe da proverimo da li imamo predrasude ili smo pristrasni u duhovnom smislu. Postoje ljudi koji su spori u razumevanju duhovnih stvari. Neki drugi imaju neke nedostatke na telu, tako da oni mogu da kažu ili da urade neke stvari koje su van konteksta u određenim situacijama. Opet drugi čine na način koji nije u skladu sa Gospodovim ponašanjem.

Kada se vidite ili komunicirate sa takvim ljudima, zar se niste osećali nekako frustrirano? Zar ih niste pogledali ili poželeli da ih izbegnete do neke mere? Da li ste izazvali drugima neprijatnost sa svojim grubim rečima ili neljubaznim stavom?

Takođe, neki ljudi govore ili osuđuju drugu osobu kao da oni sede na stolici sudije kada ta osoba počini greh. Kada je žena koja je počinila preljubu dovedena ispred Isusa, mnogi ljudi su ukazivali prstom na nju sa osudama i optužbama. Ali Isus je nije osudio već joj je dao šansu za spasenje. Ako vi imate takvo srce milosti, onda vi imate saosećanje za one koji dobijaju kaznu za svoje grehove, i vi ćete se moliti da to prevaziđu.

Milost za one u poteškoćama

Ako smo mi milosrdni, mi ćemo imati saosećanja za one koji su u poteškoćama i uživaćemo da im pomognemo. Mi nećemo samo da se osećamo žalosno zbog njih i da kažemo: „Uzmi srce i budi jak!" sa samo našim usnama. Mi ćemo u stvari da im damo neku vrstu pomoći.

1. Jovanova Poslanica 3:17-18 kaže: „*Koji dakle ima bogatstvo ovog sveta, i vidi brata svog u nevolji i zatvori srce svoje od njega, kako ljubav Božija stoji u njemu? Dečice moja, da se ne ljubimo rečju ni jezikom, nego delom i istinom.*" Takođe, Jakovljeva Poslanica 2:15-16 kaže: „*Ako, na primer, brat i li sestra goli budu, ili nemaju šta da jedu, i reče im koji od vas: 'Idite s mirom, grejte se, i nasitite se', a ne da im potrebe telesne, šta pomaže?*"

Vi ne treba da mislite: „Žalosno je što on gladuje, ali ja ništa ne mogu da uradim jer imam taman dovoljno za sebe." Ako se vi zaista osećate žalosno sa iskrenim srcem, vi možete da podelite ili da čak date vašu porciju. Ako neko misli da mu njegova situacija ne dozvoljava da pomogne bilo kojim drugim ljudima, onda je malo verovatno da će pomoći drugima čak iako postane bogat.

Ovo se ne odnosi samo na materijalne stvari. Kada vidite da neko pati od bilo koje vrste problema, trebali bi da želite da budete od neke pomoći i da podelite bol sa tom osobom. Ovo je milost. Naročito, vi bi trebali da brinete o onima koji padaju u Pakao zato što oni ne veruju u Gospoda. Vi ćete dati sve od sebe da ih povedete na put spasenja.

U Manmin centralnoj crkvi, otkako je otvorena, postojala su

velika moćna Božja dela. Ali ja i dalje tražim veću moć i posvetio sam sav moj život da manifestujem tu moć. To je zato što sam sam patio od siromaštva, i u potpunosti sam iskusio bol u gubljenju nade zbog bolesti. Kada ja vidim te ljude koji pate od ovih problema, ja osećam njihovu bol ako da je moja bol, i želim da im pomognem najbolje što mogu.

To je moja želja da rešim njihove probleme i da ih spasim od kazne Pakla i povedem ih na Nebo. Ali kako ja sam mogu da spasim toliko mnogo ljudi? Odgovor koji sam dobio na ovo je moć Božja. Čak iako ja ne mogu da rešim sve probleme siromaštva, bolesti i toliko mnogo drugih stvari svih ljudi, ja mogu da im pomognem da se sretnu i da dožive Boga. Zbog toga ja pokušavam da manifestujem još veću moć Božju, kako bi više ljudi srelo i doživelo Boga.

Naravno, pokazujući moć Božju nije završetak procesa spasenja. Čak iako oni dođu do toga da imaju veru videvši moć, mi moramo da brinemo o njima fizički i duhovno sve dok ne stanu čvrsto u veri. Zato sam se ja trudio da pružim pomoć u nevoljama čak i kada je sama naša crkva imala finansijske probleme. To je bilo da bi oni mogli da marširaju ka Nebu sa mnogo više snage. Poslovice 19:17 govore: „*GOSPODU pozaima ko poklanja siromahu, i platiće mu za dobro njegovo.*" Ako vi brinete o dušama sa srcem Gospoda, Bog će vam zasigurno uzvratiti sa Njegovim blagoslovima.

Ne pokazujte tako olako nečije mane

Ako mi volimo nekoga, mi ponekad njega treba da

posavetujemo ili da ga prekorimo. Ako roditelji nimalo ne grde njihovu decu već im praštaju sve vreme zato što vole svoju decu, onda će ta deca biti upropaštena. Ali ako imamo milost mi ne možemo lako da kaznimo, prekorimo ili da ukazujemo na mane. Kada samo pružamo savete, mi ćemo to učiniti sa molitvenim umom i brinućemo o srcu te osobe. Poslovice 12:18 kažu: *„Ima ko govori kao da mač probada, a jezik je mudrih lek.*" Pastori i vođe koji naročito uče vernike moraju da imaju ove reči na umu.

Vi lako možete reći: „Vi imate neiskreno srce u vama i to ne udovoljava Bogu. Vi imate ovu i onu manu i drugi vas ne vole zbog ovih stvari." Čak iako je ono što govorite istina, ako ukazujete na mane sa vašom samopravednosti i ograničenosti bez ljubavi, to ne daje život. Drugi se neće promeniti kao ishod saveta, u stvari, njihova osećanja će biti povređena i oni će postati obeshrabreni i izgubiće snagu.

Ponekad, neki članovi crkve su mi tražili da im ukažem na njihove mane kako bi ih oni razumeli i promenili sebe. Oni su rekli da žele da razumeju svoje mane i da se promene. Tako da, ako sam počeo veoma pažljivo da govorim nešto, oni bi zaustavili moje reči da bi objasnili svoje stavove, tako da ja nisam mogao da im dam pravi savet. Dati savet nije svakako mala stvar. U tom momentu, oni to mogu da prihvate sa zahvalnost, ali ako izgube ispunjenje Duha, niko ne zna šta će se desiti u njihovim srcima.

Ponekad, ja sam morao da ukažem na stvari kako bi mogao da ispunim kraljevstvo Božje ili da dozvolim ljudima da dobiju rešenja za njihove probleme. Posmatrao sam raspoloženja na njihovim licima sa pobožnim mislima, nadajući se da se neće uvrediti ili obeshrabriti.

Naravno, kada je Isus prekorio Fariseje i pisare jakim rečima, oni nisu bili sposobni da prihvate Njegov savet. Isus im je dao priliku da makar jedan od njih može da čuje Njega i da se pokaje. Takođe, zato što su oni bili ljudima učitelji, Isus je želeo da ljudi dođu do razumevanja a ne da budu vođeni njihovim licemerjem. Osim u ovakvim slučajevima, vi ne treba da govorite reči koje bi mogle da povrede osećanja drugih ili da otkrivate njihovu krivicu tako da se osećaju pogrešno. Kada vi treba da date savet zato što je to zaista neophodno, vi to treba da uradite sa ljubavlju, razmišljajući iz tačke gledišta drugih i sa pažnjom prema toj duši.

Budite velikodušni prema svima

Većina ljudi može velikodušno da pruži ono što imaju do neke mere onima koje vole. Čak i oni koji su škrti mogu da pozajme ili da daju poklone drugima ako znaju da će dobiti nešto zauzvrat. U Jevanđelju po Jovanu 6:32 se kaže: „*I ako volite one koji vas vole, kakva vam je hvala? Jer i grešnici vole one koji njih vole.*" Mi možemo da gajimo plod milosti kada možemo da damo od sebe bez želje nečega zauzvrat.

Isus je znao od početka da će Ga Juda izdati, ali On se ophodio prema njemu na isti način kako se ophodio i prema Njegovim drugim učenicima. On mu je dao mnogo prilika iznova i iznova kako bi mogao da dođe do pokajanja. Ali čak i dok su ga raspinjali, Isus se molio za one koji su Ga raspinjali. Jevanđelje po Luki 23:34 kaže: „*Oče, oprosti im; jer oni ne znadu šta čine.*" Ovo je milost sa kojom mi možemo da oprostimo čak i onima kojima ne može biti oprošteno.

U Delima Apostolskim, mi možemo da nađemo Stefana koji je

takođe imao plod milosti. On nije bio apostol, ali je bio ispunjen milošću i moći Božjom. Veliki znakovi i čuda su se dešavali kroz njega. Oni kojima se nije svidela ova činjenica su se svađali sa njim, ali kada je odgovorio sa mudrosti Božjom u Svetom Duhu, oni nisu mogli da mu kontriraju. Kaže se da su ljudi videli njegovo lice i da je bilo poput anđela (Dela Apostolska 6:15).

Jevreji su imali grižu savesti dok su slušali ceremoniju Stefana, i na kraju su ga odveli van grada i kamenovali su ga do smrti. Čak i kada je umirao, on se molio za one koji su ga kamenovali govoreći: „*Gospode, ne primi im ovo za greh!*“ (Dela Apostolska 7:60). Ovo nam pokazuje da im je on već oprostio. On nije osećao mržnju prema njima, ali on je samo imao plod milosti i saosećanje prema njima. Stefan je mogao da manifestuje tako velika dela zato što je imao takvo srce.

Onda koliko dobro ste vi kultivisali ovu vrstu srca? Postoji li neko ko se vama ne dopada ili sa kime niste u dobrim odnosima? Vi bi trebali da možete da prihvatite i zagrlite druge čak iako se njihove osobine i mišljenja ne slažu sa vašim. Vi najpre treba da mislite iz pogleda te druge osobe. Onda, vi možete da se promenite od osećanja nedopadanja prema toj osobi.

Ako vi samo mislite: „Zašto je za ime sveta to učinio? Ja ne mogu jednostavno da ga razumem,“ onda ćete vi samo imati loša osećanja i imaćete neprijatna osećanja kada ga vidite. Ali ako mislite: „Ah, sa njegovog gledišta on može ovako da se ponaša,“ onda, vi možete da promenite osećaj nedopadanja. Sada, vi ćete radije imati milost za tu osobu koja ne može a to da ne radi, i vi ćete se moliti za nju.

Kako vi menjate vaše misli i osećanja na ovaj način, vi možete da iščupate korov i ostala zla osećanja jedno za drugim. Ako zadržite osećaj na kome želite da insistirate u vašoj tvrdoglavosti, vi ne možete da prihvatite druge. Niti možete da iščupate korov ili loša osećanja u vama. Vi bi trebali da odbacite vašu samopravednost i da promenite vaše misli kako bi mogli da prihvatite i služite bilo kojoj osobi.

Dodelite čast drugima

Kako bi gajili plod milosti, mi bi trebali da damo čast drugima kada je nešto dobro urađeno i da prihvatimo sramotu kada je nešto loše ide. Kada druga osoba dobije sva priznanja i pohvaljena je čak iako ste radili zajedno, vi ipak možete da se radujete sa njim kao da je to vaša sreća. Vi nećete imati nelagodnost misleći da ste uradili više posla i ta osoba je pohvaljena čak iako ima mnogo mana. Vi ćete samo biti zahvalni misleći da može da ima više samopouzdanja i da više radi nakon što je pohvaljen od strane drugih.

Ako majka radi nešto sa svojim detetom i samo dete dobije nagradu, kako će se majka osećati? Neće postojati nijedna majka koja će da se žali govoreći da je ona pomogla svom detetu da uradi zadatak dobro i nije dobila nikakvu nagradu. Takođe, dobro je za majku kada čuje od drugih da je lepa ali biće srećnija ako ljudi kažu da je njena ćerka lepa.

Ako mi imamo plod milosti, mi možemo da stavimo svaku osobu ispred nas i da mu pripišemo sve zasluge. I mi ćemo se radovati zajedno sa njom kao da smo mi sami pohvaljeni. Milost je osobina Boga Oca koji je pun saosećanja i ljubavi. Ne samo milost već svaki plod Svetog Duha je takođe srce savršenog Boga. Ljubav, radost, mir, strpljenje i svi drugi plodovi su različiti aspekti Božjeg srca.

Prema tome, da bi gajili plod Svetog Duha znači da treba da se borimo da imamo srce Boga u nama i da budemo savršeni kao što je Bog savršen. Što više zreliji postaju plodovi u vama, voljeniji ćete postati i Bog neće moći da obuzda Njegovu ljubav prema vama. On će se radovati nad vama govoreći da ste Njegov sin ili kćer koji toliko liče na Njega. Ako postanete Božje dete koje liči na Njega, vi ćete dobiti sve što potražite u molitvi i čak i stvari koje ste samo sklonili u vašem srcu, Bog ih zna i odgovara vam. Ja se nadam da ćete svi vi gajiti plodove Svetog Duha u potpunosti i da ćete udovoljiti Bogu u svim stvarima, tako da ćete imati u izobilju blagoslove i da ćete uživati u velikom poštovanju u nebeskom kraljevstvu kao deca koja savršeno liče na Boga.

Poslanica Filipljanima 2:5

„Jer ovo da se misli među vama šta je

i u Hristu Isusu."

Poglavlje 7

Milost

Plod milosti

Težiti ka milosti u skladu sa željama Svetog Duha

Izaberite milost u svim stvarima kao dobar Samarićanin

Nemojte da se svađate i hvalite u bilo kojoj situaciji

Nemojte da lomite pohabanu trski ili da gasite fitilj koji tinja

Moć da se prati milost u istini

Milost

Jedne noći, mlad čovek sa pohabanom odećom je otišao kod jednog starijeg para da bi iznajmio sobu. Paru je bilo žao zbog njega i oni su mu izdali sobu. Ali ovaj mladi čovek nije išao na posao već je provodio dane u piću. U slučaju kao što je ovaj većina ljudi bi želela da ga izbaci napolje misleći da neće moći da plati kiriju. Ali ovaj stariji par mu je davao hranu s vremena na vreme i ohrabrivala ga dok su propovedali jevanđelje. On je bio dirnut njihovim ljubaznim delima zato što su se prema njemu ophodili kao da je bio njihov sin. On je na kraju prihvatio Isusa Hrista i postao nov čovek.

Plod milosti

Voleti zanemarene ili čak one izbačene iz društva sve do kraja i ne odustati od njih je milost. Plod milosti se ne gaji samo u srcu već se otkriva i u delima kao što je objašnjeno u primeru starijeg para.

Ako mi gajimo plod milosti mi ćemo odavati miris Hrista svuda. Ljudi u našoj okolini će biti dirnuti kada vide dobra dela i davaće slavu Bogu.

„Milost" je kvalitet biti nežan, pažljiv, dobrodušan i čestit. U duhovnom smislu to je srce koje traži milost u Svetom Duhu što je milost u istini. Ako mi u potpunosti gajimo plod milosti mi ćemo imati srce Gospoda koje je čisto i bez mrlja.

Ponekad, čak i nevernici koji nisu primili Svetog Duha prate milost u svojim životima do neke mere. Svetovni ljudi raspoznaju i sude bilo da je nešto dobro ili loše u skladu sa njihovom savesti. U nedostatku griže savesti, svetovni ljudi misle da su dobri i pravedni. Ali savest osobe se razlikuje od osobe do osobe. Da bi razumeli milost kao plod Svetog Duha, mi prvo moramo da razumemo ljudsku savest.

Težiti ka milosti u skladu sa željama Svetog Duha

Neki novi vernici će možda širiti osude na ceremonijama u skladu sa njihovim znanjem i savesti, govoreći: „Ta primedba nije u skladu sa naučnom teorijom." Ali kako rastu u veri i uče Reč Božju, oni dolaze do shvatanja da njih stav u osuđivanju nije bio ispravan.

Savest je mera da se razlikuje dobro i loše, što se zasniva na temeljima nečijeg karaktera. Nečija priroda zavisi od vrste životne energije u kojoj je neko rođeni u vrsti okruženja u kojoj je neko odrastao. Ona deca koja su dobila dobru životnu energiju imaju relativno dobru prirodu. Takođe, ljudi koji su odrastali u dobrom okruženju, koji su videli i čuli dobre stvari, verovatno će oblikovati dobru savest. Sa druge strane, ako je neko rođen sa zlom prirodom od njegovih roditelja i dolazi u kontakt sa mnogo zlim stvarima, njegova priroda i savest će verovatno postati zle.

Na primer, deca koja uče da budu iskrena će imati grižu savesti kada kažu laž. Ali ona deca koja su odrasla među lažovima će osećati da je sasvim prirodno lagati. Oni čak i ne misle da lažu. U razmišljanjima da je to u redu, njihova savest je obojena lažima toliko mnogo da oni čak i nemaju grižu savesti zbog toga.

Takođe, čak iako su deca odrasla od istih roditelja u istom okruženju, oni prihvataju stvari na različite načine. Neka se deca samo povinuju svojim roditeljima dok druga deca imaju veoma jake želje i ne nameravaju da se povinuju. Onda, čak iako su rođaci odrasli sa istim roditeljima, njihova savest će biti formirana različito.

Savest će se različito formirati u zavisnosti od socijalnih i ekonomskih vrednosti gde su odrasli. Svako društvo ima različitu vrednost sistema i standard od pre 100 godina, pre 50 godina i to se razlikuje od današnjeg. Na primer, kada su navikli da imaju robove, oni nisu mislili da je pogrešno kada biju robove i sile ih da rade. Takođe, baš pre oko 30 godina, bilo je socijalno neprihvatljivo za žene da izlažu svoje telo u javnosti. Kao što je napomenuto, savest postaje različita u skladu sa pojedincima, područjem i vremenom. Oni koji misle da prate svoju savest samo prate ono što smatraju da je dobro. Međutim, za njih ne može da se kaže da rade u apsolutnoj milosti.

Ali mi koji smo vernici u Boga imamo isti standard sa kojim razaznajemo između dobrog i lošeg. Mi imamo Reč Božju kao standard. Ovaj standard je isti juče, danas i zauvek. Duhovna milost je imati ovakvu istinu kao naša savest i pratiti je. To je spremnost da pratimo želje Svetog Duha i da težimo ka milosti. Ali samo kada imamo želju da pratimo milost, mi ne možemo da kažemo da gajimo plod milosti. Mi možemo da kažemo da gajimo plod kada ta želja da pratimo milost se demonstrira i praktikuje u delima.

Jevanđelje po Mateju 12:35 govori: „*Dobar čovek iz dobre kleti iznosi dobro.*" Poslovice 22:11 takođe kažu: „*Ko ljubi čisto srce, i čije su usne ljubazne, njemu je car prijatelj.*" Kao u oba stiha, oni koji zaista teže ka milosti će svakako imati dobra dela koja mogu biti vidljiva od spolja. Bilo gde da idu i bilo koga da vide, oni će pokazati velikodušnost i ljubav sa dobrim rečima i delima. Baš kao i osoba koja se namiriše parfemom odavaće prijatan miris, oni sa milošću će odavati miris Hrista.

Neki ljudi žude da kultivišu dobro srce, tako da oni prate duhovne osobe i žele da se sprijatelje sa njima. Oni uživaju u slušanju i učenju istine. Oni su lako dirnuti i takođe prolivaju mnogo suza. Ali oni ne mogu da kultivišu dobro srce samo zato što žude za tim. Ako su oni čuli i naučili nešto, oni moraju da kultivišu to u njihovim srcima i da to u stvari praktikuju. Na primer, ako vam se samo sviđa da budete u okolini dobrih ljudi i izbegavate one koji nisu dobri, da li je to žudnja za milošću?

Postoje takođe stvari koje možemo naučiti od onih koji zaista nisu dobri. Čak iako ne možete naučiti ništa od njih, vi možete da dobijete lekciju iz njihovih života. Ako postoji neko ko je razdražljiv, vi možete da naučite da će zbog toga što je razdražljiv stalno upadati u rasprave i svađe. Iz ovog zapažanja vi možete da naučite zašto ne treba da imate ovakvu narav. Ako vi nastavite da se družite samo sa onima koji su dobri, vi ne možete da učite iz relativnih stvari koje ste videli ili čuli. Postoje uvek stvari da se nauče od svih vrsta ljudi. Vi ćete možda misliti da žudite za milošću veoma mnogo i učite i shvatate mnoge stvari, ali vi bi trebali da proverite sebe da li vam nedostaju prava dela dok sakupljate milost.

Izaberite milost u svim stvarima kao dobar Samarićanin

Od ovog momenta pa nadalje, hajde da detaljnije pogledamo u to šta je duhovna milost, što je da sledi milost u istini i u Svetom

Duhu. U stvari, duhovna milost je veoma široki pojam. Božja priroda je milost i ta milost je usađena u Bibliji. Ali stih u kome mi možemo da osetimo miris milosti veoma dobro je u Poslanici Filipljanima 2:1-4:

„Ako ima dakle koje poučenje u Hristu, ili ako ima koja uteha ljubavi, ako ima koja zajednica duha, ako ima koje srce žalostivo i milost, ispunite moju radost, da jedno mislite, jednu ljubav imate, jednodušni i jednomisleni. Ništa ne činite usprkos ili za praznu slavu; nego poniznošću činite jedan drugog većeg od sebe; ne gledajte svaki za svoje, nego i za drugih.“

Osoba koja gaji duhovnu milost traži milost u Gospodu, tako da on podržava čak i dela sa kojima se zaista ne slaže. Takva osoba je pokorna i nema nikakav osećaj sujete da bude priznata ili otkrivena. Čak iako drugi nisu toliko bogati ili inteligentni kao što je on, on može da ih poštuje iz srca i on može da postane njihov iskren prijatelj.

Čak iako mu drugi stvaraju nevolje bez razloga, on ih samo prihvata sa ljubavi. On im služi i pokorava sebe, kako bi mogao da ima mir sa svakim. On neće samo da obavi sve svoje dužnosti već će da brine i o delima drugih ljudi. U Jevanđelju po Luki poglavlje 10, mi imamo upoređenje da dobrim Samarićaninom.

Čovek je bio opljačkan dok je putovao od Jerusalima do Jerihona. Pljačkaši su ga svukli i ostavili ga na pola mrtvog. Sveštenik je prolazio pored i video je da on umire, ali taj sveštenik je samo prošao. Levićanin ga je takođe video ali je takođe samo prošao pored njega. Sveštenik i Levićanin su oni koji su poznavali Reč Božju i koji su služili Bogu. Oni su znali Zakon bolje od bilo kojih ljudi. Oni su takođe bili ponosni na to koliko su služili Bogu.

Kada su morali da prate volju Božju oni nisu pokazivali dela koja su trebali da pokažu. Naravno, oni su mogli da kažu da su imali razloge zašto nisu njemu pomogli. Ali da su imali milost, oni ne bi mogli samo da ignorišu osobu kojoj je očajnički trebala njihova pomoć.

Kasnije, Samarićanin je prolazio i video je čoveka koji je bio opljačkan. Ovaj se Samarićanin sažalio nad njim i pokrio je njegove rane. On ga je nosio na njegovoj životinji i odveo ga do gostionice i zamolio je vlasnika gostione da se brine o njemu. Sledećeg dana, on je dao vlasniku gostione dva dinara i obećao mu je da će na putu nazad platiti svaki dodatni trošak kojima se vlasnik gostione izloži.

Da je Samarićanin mislio sebično, on ne bi imao nikakav razlog da uradi ono što je uradio. On sam je bio zauzet, i mogao je da trpi gubitak vremena i novca ako bi se umešao u poslove sa totalnim strancem. Takođe, on je samo mogao da mu pruži prvu pomoć i nije morao da pita vlasnika gostione da brine o njemu obećavajući mu da će platiti dodatne troškove.

Ali zato što je imao milost, on nije mogao samo da ignoriše osobu koja je umirala. Čak iako bi izgubio vreme i novac i čak iako je bio zauzet, on nije mogao samo da nadzirne osobu koja je bila u očajničkoj potrebi za pomoć. Kada nije mogao sam da pomogne ovoj osobi, on je pitao drugu osobu da mu pomogne. Da je on samo prošao pored njega takođe iz ličnih razloga, u budućnosti ovaj Samarićanin bi osećao teret u njegovom srcu.

On bi stalno ispitivao i krivio sebe razmišljajući: „Pitam se šta se desilo sa tim čovekom koji je bio povređen. Trebao sam da ga spasim čak i kada bi bio na gubitku. Bog me je posmatrao i kako sam to mogao da uradim?“ Duhovna milost je ne biti sposoban da je gajimo ako ne pratimo put milosti. Čak i sa osećajem ako neko pokuša da nas zavede, mi biramo milost u svim stvarima.

Nemojte da se svađate i hvalite u bilo kojoj situaciji

Drugi stih koji nam daje da osećamo duhovnu milost je u Jevanđelju po Mateju 12:19-20. Stih 19 kaže: „*Neće se svađati ni vikati, niti će čuti ko po rasputicama glas Njegov.*“ Sledeći stih 20 kaže: „*Trsku stučenu neće prelomiti i sveštilo zapaljeno neće ugasiti dok pravda ne održi pobedu.*“

Ovo je o duhovnoj milosti Isusa. Za vreme Njegove službe, Isus nije imao nikakve probleme ili svađe sa nekim. Još od detinjstva On se povinovao Reči Božjoj i za vreme Njegovog javnog službovanja, On je činio samo dobre stvari, propovedao jevanđelje nebeskog kraljevstva i lečio je bolesne. A ipak, oni zli su ga testirali sa mnogim rečima i pokušavali da Ga ubiju.

Svaki put, Isus je znao njihove zle namere ali ih nije mrzeo. On im je samo dao da shvate pravu volju Boga. Kada nisu nimalo mogli da je razumeju, On se nije raspravljao sa njima već ih je samo izbegavao. Čak i kada je bio ispitivan pre razapeća, On se nije raspravljao i svađao.

Kako mi prolazimo fazu početnika u našoj hrišćanskoj veri, mi učimo Reč Božju do neke mere. Mi nećemo lako podizati glas ili bacati izliv besne naravi samo zato što se ne slažemo sa nekim. Ali raspravljanje nije samo podizanje našeg glasa. Ako mi imamo neka neprijatna osećanja zbog nekog neslaganja, to je imati raspravu. Mi kažemo da je to rasprava zato što je mir u srcu narušen.

Ako postoji rasprava u srcu, uzrok leži u nama samima. To nije zato što nam neko otežava vreme. To nije zato što neko ne čini na način koji mi smatramo da je dobar. To je zato što su naša srca suviše uska da ih prihvate i to je zato što imamo ograničene misli ili razmišljanja koje nas dovode u sukobe sa mnogim stvarima.

Parče mekanog pamuka neće napraviti nikakav zvuk kada se udari sa nekim predmetom. Čak iako protresemo čašu sa bistrom i čistom vodom, ta voda će isto ostati bistra i čista. Isto je i sa ljudskim srcem. Ako je mir misli narušen i neka neprijatna osećanja izađu u određenim situacijama, to je zato što je zlo još uvek prisutno u srcu.

Rečeno je da Isus nije plakao, iz kog razloga onda ljudi plaču? To je zato što žele da se otkriju i da se veličaju. Oni plaču zato što žele da budu prepoznati i da ih služe drugi ljudi.

Isus je manifestvovao tako velika dela kao što je oživljavanje mrtvih i otvaranje oči slepima. Ali On je i dalje bio pokoran. Šta više, čak i kada su ljudi Njega ismevali i dok je On visio na krstu, On se samo povinovao volji Boga sve do smrti, jer On nije imao nameru da otkriva Sebe (Poslanica Filipljanima 2:5-8). Takođe je rečeno da niko nije mogao da čuje Njegov glas na ulicama. To nam govori da je Njegovo ponašanje bilo savršeno. On je bio savršen u Njegovom nošenju, stavu i načinu govora. Njegova neverovatna milost, pokornost i duhovna ljubav su bile duboko u Njegovom srcu koje je sa spolja bilo otkriveno.

Ako mi gajimo plodove duhovne milosti, mi nećemo imati nikakve rasprave ili probleme sa nikim na isti način naš Gospod nije imao konflikte. Mi nećemo govoriti o greškama i manama drugih ljudi. Mi nećemo pokušavati da se ponosimo sobom ili da uzdižemo sebe između drugih. Čak iako mi patimo bez razloga, mi nećemo da se žalimo.

Nemojte da lomite pohabanu trski ili da gasite fitilj koji tinja

Kada mi gajimo drvo ili biljke, ako ima gusto lišće ili granje, mi ćemo ga obično iseći. Takođe, ako fitilj tinja, svetlo nije jako i ono samo isparava i daje dim. Tako da ga ljudi samo ugase. Ali oni koji imaju duhovnu milost neće „lomiti pohabanu trsku ili ugasiti fitilj koji tinja." Ako postoji najmanja nada za oporavak, oni ne mogu samo da prekinu taj život i oni će pokušati da otvore put za život za druge.

Ovde, „pohabana trska" se odnosi na one koji su ispunjeni grehovima i zlobom ovog sveta. Fitilj koji tinja simbolizuje one čija su srca tako obojena zlobom da svetlost njihove duše samo što nije izdahnulo. Malo je verovatno da će ovi ljudi koji su kao pohabana trska ili fitilj koji tinja da prihvate Gospoda. Čak iako oni veruju u Boga, njihove želje se ne razlikuju od onih svetovnih ljudi. Oni čak i govore protiv Svetog Duha i staju protiv Boga. U Isusovo vreme, postojalo je mnogo njih koji nisu verovali u Isusa. I čak iako su videli tako neverovatna moćna dela, oni su ipak stajali protiv dela Svetog Duha. Ipak, Isus ih je gledao sa verom sve do kraja i otvorio je mogućnosti za njih da dobiju spasenje.

Danas, čak i u crkvama, postoje mnogo ljudi koji su kao

pohabana trska ili fitilj koji tinja. Oni zovu: „Gospode, Gospode" sa svojim usnama ali ipak žive u grehovima. Neki od njih čak i ustaju protiv Boga. Sa njihovom slabom verom, oni srljaju u iskušenje i prestaju da posećuju crkvu. Nakon što čine ovo što je prepoznato kao zlo u crkvi, oni su toliko posramljeni da napuštaju crkvu. Ako mi imamo milost, mi bi trebali najpre da ispružimo ruke prema njima.

Neki ljudi žele da budu voljeni i cenjeni u crkvi, ali kada se to ne dogodi, zlo iz njih izlazi. Oni postaju ljubomorni na one koje crkveni članovi vole i na one koji napreduju u duhu i govore loše o njima. Oni ne okupljaju svoje srce za određeni posao ako to nije poteklo od njih i oni pokušavaju da nađu greške u tim poslovima.

Čak i u ovakvim slučajevima, oni koji imaju plod duhovne milosti će prihvatiti takve ljude koji su pustili svoju slobu napolje. Oni ne pokušavaju da razaznaju ko je u pravu ili ne, ili dobro i loše i onda sebe potiskuju. Oni se tope i dodiruju njihova srca ponašajući se prema njima u milosti sa iskrenim srcem.

Neki ljudi su od mene tražili da otkrijem identitet onih ljudi koji posećuju crkvu sa prikrivenim motivima. Oni kažu da ako to uradim članovi crkve neće biti prevareni i takvi ljudi više ni neće dolaziti u crkvu. Da, otkrivanjem njihovih identiteta možda će pročistiti crkvu, ali koliko će to sramotno biti za članove njihove porodice ili one koji su ih doveli u crkvu? Ako mi iskorenimo članove crkve na različite načine, neće veliki broj ljudi ostati u crkvi. To je jedna od dužnosti u crkvi da promenimo zle ljude i da ih povedemo na put nebeskog kraljevstva.

Naravno, neki ljudi nastavljaju da pokazuju zlobu koja raste i oni će pasti na put smrti čak iako pokažemo milost prema njima.

Ali čak i u ovim slučajevima, mi nećemo postaviti granicu naše izdržljivosti i zaboraviti na njih ako oni pređu tu granicu. To je duhovna milost da pokušamo da im dozvolimo da traže duhovni život bez odustajanja do samog kraja.

Pšenica i kukolj izgledaju slično ali kukolj je iznutra prazan. Nakon žetve, farmer će skupiti seno u ambar i spaliti kukolj. Ili će ga iskoristiti kao đubrivo. Postoji pšenica i kukolj takođe i u crkvi. Sa spoljašnje strane, svako može da izgleda kao da je vernik, ali postoji pšenica koja se povinuje Reči Božjoj dok postoji i kukolj koji prati zlo.

Ali baš kao što i farmer čeka sve do žetve, Bog ljubavi čeka na one koji su kao kukolj da se promene sve do kraja. Sve dok konačan dan ne dođe, mi treba da dajemo šansu svakome da bude spašen i da gledamo na svakoga sa očima vere kultivisanjem milosti u nama.

Moć da se prati milost u istini

Možda ćete biti zbunjeni u tome kako se duhovna milost razlikuje od drugih duhovnih karakteristika. Naime, u upoređenju dobrog Samarićanina, njegova dela mogu biti opisana kao dobrotvorna u mislima i milosrdna; a ako se mi ne raspravljamo ili podižemo naš glas, onda mi moramo da budemo u miru i pokorni. Onda, da li sve ove stvari spadaju u karakteristike duhovne milosti?

Naravno, ljubav, milosrdnost u srcu, milost, mir i skromnost u srcu sve to spada u milost. Kao što je ranije spomenuto, milost je Božja priroda i to je veoma široki pojam. Ali karakterističan aspekat duhovne milosti je želja da se prati takva milost i snaga da se u stvari praktikuje. Centar nije milost ili nemilost da imamo sažaljenje nad drugima ili dela da im pomognemo sami od sebe. Centar je na milosti sa kojom Samarićanin nije mogao da samo prođe pored kada je trebao da se smiluje.

Takođe, ne svađati se i ne govoriti je biti pokoran. Ali karakter milosti u ovim slučajevima je da mi ne možemo da narušimo mir zato što pratimo duhovnu milost. Radije nego da plačemo i da budemo prepoznati, mi želimo da budemo pokorni zato što pratimo ovu milost.

Kada smo verni, ako imate plod milosti vi nećete biti verni samo u jednoj stvari već u celoj Božjoj kući. Ako vi zanemarujete bilo koju od vaših dužnosti, postojaće neko ko će patiti zbog toga. Božje kraljevstvo možda neće biti ispunjeno kao što bi trebalo. Tako da, ako vi imate milost u vama, vi se nećete osećati neugodno u ovim stvarima. Vi ih nećete samo zanemariti, tako da ćete vi pokušati da budete verni u celoj Božjoj kući. Vi možete da primenjujete ovaj princip u svim drugom karakteristikama duha.

Oni koji su zli osećaće se neprijatno ako ne čine zlo. Do mere do koje imaju zlo, oni će se osećati u redu samo nakon što daju toliko mnogo zlobe. Za one koji nemaju naviku da stanu dok drugi govore, oni ne mogu sebe da kontrolišu ako ne mogu da se kontrolišu u mešanju tuđih razgovora. čak iako oni povređuju osećanja drugih ili im otežavaju vreme, oni mogu da budu u miru sa samim sobom samo kada rade ono što žele. Uprkos tome, ako se sećaju i nastavljaju da odbacuju svoje loše navike i stavove koje nisu u skladu sa Reči Božjom, oni će moći da odbace veći deo toga. Ali ako ne pokušavaju i samo odustanu, oni će ostati isti čak i posle deset ili dvadeset godina.

Ali ljudi u milosti su drugačiji. Ako oni ne prate milost, oni će imati još neprijatnija osećanja i patiće od gubitka i oni će misliti o tome veoma brzo. Tako da, čak iako pate za nekim gubitkom, oni ne žele da ugroze druge. Čak iako misle da je to neprikladno, oni nastavljaju da održe pravila.

Mi možemo da osetimo ovo srce iz onoga što je Pavle rekao. On je imao veru da pojede meso, ali ako bi to uzrokovalo da druga osoba posustane, on nije želeo da jede nikakvo meso do kraja svog života. Na isti način, ako u onome u čemu uživaju ljudi mogu da uzrokuju drugima da se osećaju neprijatno, ljudi od milosti radije neće uživati u tome i smatraće da će biti srećniji ako odustanu od toga zarad drugih. Oni ne bi mogli da učine ništa što će osramotiti druge; i oni neće učiniti ništa što bi uzrokovalo da Sveti Duh jeca u njima.

Slično tome, ako vi pratite milost u svim stvarima, to znači da vi gajite plod duhovne dobrote. Ako gajite plod duhovne dobrote, vi ćete imati stav Gospoda. Vi nećete učiniti ništa što će naterati čak i najmanjeg da zgreši. Vi ćete sa spolja takođe imati milost i pokornost. Vi ćete biti poštovani zato što imate formu Gospoda i vaše ponašanje i jezik će biti savršen. Vi ćete biti prelepi iz svačijeg pogleda i odavaćete miris Hrista.

Jevanđelje po Mateju 5:15-16 kaže: „*...niti se užiže sveća i meće pod sud nego na svećnjak, te svetli svima koji su u kući. Tako da se svetli vaše videlo pred ljudima, da vide vaša dobra dela, i slave Oca vašeg koji je na nebesima.*" Takođe 2. Korinćanima Poslanica 2:15 kaže: „*Jer smo mi Hristov miris Bogu i među onima koji se spasavaju i koji ginu.*" Prema tome, ja se nadam da ćete dati slavu Bogu u svim stvarima tako što ćete gajiti plod duhovne milosti i da ćete odavati miris Hrista svetu.

Brojevi 12:7-8

„Koji je veran u svem domu mom;

Njemu govorim iz usta k ustima, i on me gleda doista,

a ne u tami,

niti u kakvoj prilici GOSPODNJOJ."

Poglavlje 8

Vera

Da naša vernost bude prepoznata

Uradi više nego što je dato

Budi veran u istini

Radi u skladu sa gospodarevom željom

Budi veran u celoj Božjoj kući

Vernost za Božje kraljevstvo i pravednost

Vera

Čovek je išao na put u zabranjenu zemlju. Iako je odsustvovao njegovi asistenti su trebali da brinu o imanju, tako da je on dao ovaj posao njegovim troje slugama. U skladu sa njihovim mogućnostima on je svakome posebno od njih dao jedan talenat, dva talenta i pet talenata. Sluga koji je dobio pet talenata je radio trgovinu za svog gospodara i dobio je dodatnih pet talenata. Slugi kome je dato dva talenata dobio je još dva preko toga. Ali onaj koji je dobio jedan talenat zakopao je svoj talenat u zemlju i nije imao nikakav prihod.

Gospodar je pohvalio sluge koji su dobili preko dva i pet talenata i dao im je nagrade govoreći im: „*Dobro, slugo dobri i verni*" (Jevanđelje po Mateju 25:21). Ali on je prekorio slugu koji je samo zakopao jedan talenat govoreći mu: „*Zli i lenjivi slugo*" (stih 26).

Bog nam takođe daje mnogo zadataka u skladu sa našim talentom, kako bi mi mogli da radimo za Njega. Samo kada ispunimo dužnosti sa svom svojom snagom i u korist za kraljevstvo Božje, možemo da budemo prepoznati kao „dobri i verni sluga."

Da naša vernost bude prepoznata

Definicija rečnika za reč „vernost" je „kvalitet da se bude postojan u ljubavi ili odanosti, čvrsto poštovanje obećanja ili u poštovanju dužnosti." Čak i u svetu, verni ljudi su visoko cenjeni zato što su pouzdani.

Ali vrsta vernosti koja je prepoznata od Boga se razlikuje od one kod ljudi u svetu. Samo ispunjavanje naših dužnosti u delima ne može da bude duhovna vernost. Takođe, ako mi stavimo sve naše napore čak i naš život u nekoj određenoj oblasti, to nije potpuna vernost. Ako mi ispunjavamo našu dužnost kao žena, majka ili muž može li se to nazvati vernost? To je samo da radimo ono što treba da radimo.

Oni koji su duhovno verni su blago u kraljevstvu Božjem i oni odaju mirisnu aromu. Oni odaju miris nepromenljivog srca, miris postojane poslušnosti. Neko će to možda uporediti sa poslušnošću marljive krave ili sa mirisom pouzdanog srca. Ako mi možemo da damo ovu vrstu mirisa, Gospod će takođe da kaže da smo ljubazni i On će želeti da nas zagrli. To je bio Mojsijev slučaj.

Sinovi Izraela su bili robovi u Egiptu više od 400 godina i Mojsije je imao zadatak da ih povede iz zemlje Kana. On je toliko bio voljen od Boga da je pričao sa Bogom licem u lice. On je bio veran u celoj Božjoj kući i ispunio je sve što je Bog njemu zapovedio. On čak nije ni razmatrao kakve će sve probleme morati da preuzme. On je bio mnogo više nego veran u svim oblastima u ispunjavanju zadataka kao vođa Izraela kao i što je bio veran njegovoj porodici.

Jednog dana, Mojsijev tast, Jotor došao je kod njega. Mojsije mu je pričao o svim neverovatnim stvarima koje je Bog učinio za ljude Izraela. Sledećeg dana, Jotor je video nešto čudno. Ljudi su se od ujutru postrojavali da bi videli Mojsija. Izneli su ispred Mojsija diskusije koje nisu mogli da reše međusobno. Jotor je sada dao predlog.

Izlazak 18:21-22 kaže: „*A iz svega naroda izaberi ljude poštene, koji se boje Boga, ljude pravedne, koji mrze na mito, pa ih postavi nad njima za poglavare, hiljadnike, stotinike, pedesetnike i desetnike. Oni neka sude narodu u svako doba; pa svaku stvar veliku neka javljaju tebi, a svaku stvar malu neka raspravljaju sami. Tako će ti biti lakše, kad i oni stanu nositi teret s tobom.*"

Mojsije je slušao njegove reči. On je shvatio da je njegov tast imao pravo i prihvatio je njegov predlog. Mojsije je izabrao sposobne ljude koji su mrzeli nepoštene dobitke i postavio ih da budu vođe za hiljadu, stotine, pedeset i deset. Oni su delovali kao sudije za ljude u rutinskim i jednostavnim stvarima a Mojsije je sudio samo u glavnim sporovima.

Jedan može da gaji plod vernosti kada ispuni sve njegove zadatke sa dobrim srcem. Mojsije je bio veran njegovim članovima porodice isto kao što je i služio ljudima. On je istrošio svo svoje vreme i snagu i iz ovog razloga on je bio prepoznat kao jedan koji je veran celoj Božjoj kući. Brojevi 12:7-8 kažu: „*Ali nije takav Moj sluga Mojsije, koji je veran u svem domu Mom; njemu govorim iz usta k ustima, i on Me gleda doista, a ne u tami niti u kakvoj prilici GOSPODNJOJ.*"

Sada, koja vrsta osobe je ona koja gaji plod vernosti i prepoznata od Boga?

Uradi više nego što je dato

Kada su radnici plaćeni za njih posao, mi ne kažemo da su verni zato što su samo ispunili svoje dužnosti. Mi možemo da kažemo da su uradili posao ali oni su uradili samo ono za šta su plaćeni tako da mi ne možemo da kažemo da su verni. Ali čak i pomeđu plaćenim radnicima, postoje neki koji su uradili više nego što su plaćeni da urade. Oni to ne rade nespremni ili samo misle da treba makar da urade onoliko za koliko su plaćeni. Oni ispunjavaju svoju dužnost svim svojim srcem i dušom, bez da troše svoje vreme i novac jer imaju želju koja dolazi iz srca.

Neki od redovnih članova crkve rade više nego što im je dato. Oni rade posle radnog vremena ili za praznike i kada ne rade, oni stalno misle o dužnostima za Boga. Oni uvek misle o načinu da bolje služe crkvi i članovima i rade više nego što im je dato. Šta više, oni preuzimaju dužnosti vođa ćelijskih grupa da bi brinuli o dušama. Na ovaj način se ispunjava vernost da se učini više nego što nam je povereno.

Takođe, u preuzimanju odgovornosti, oni koji gaje plod vernosti će uraditi više nego što su odgovorni za ono što rade. Na primer, u Mojsijevom slučaju, on je stavio svoj život kada se molio da spasi sinove Izraela koji su počinili grehove. Mi možemo ovo da vidimo u njegovoj molitvi pronađenoj u Izlasku 32:31-32 koja kaže: *„Molim Ti se; narod ovaj ljuto sagreši načinivši sebi bogove od zlata. Ali sada, ako Ti hoćeš, oprosti im greh: Ako li nećeš, izbriši me iz knjige Svoje, koju si Ti napisao!“*

Kada je Mojsije ispunjavao svoju dužnost, on se nije samo povinovao svojim delima da bi uradio ono što mu je Bog zapovedio da uradi. On nije mislio: „Ja sam dao najbolje što sam mogao da prenesem volju Božju njima, ali oni je nisu prihvatili. Ja im više ne mogu pomoći.“ On je imao srce Boga i vodio je ljude svom svojom snagom i naporom. Zbog toga, kada su ljudi činili grehove, on se osećao kao da je to bila njegova greška i on je želeo da za to preuzme odgovornost.

Isto je i sa apostolom Pavlom. Poslanica Rimljanima 9:3 kaže: *„Jer bih želeo da ja sam budem odlučen od Hrista za braću svoju koja su mi rod po telu,“* Ali čak iako smo čuli i znamo o Pavlovoj i Mojsijevoj vernosti, to ne mora naročito da znači da mi moramo da kultivišemo vernost.

Čak i oni koji imaju veru i izvode svoje dužnosti će imati nešto drugačije da kažu od onog što je Mojsije rekao kao da su i oni bili u istoj situaciji u kojoj je on bio. Naime, oni će možda reći: „Bože, uradio sam ono najbolje. Žao mi je zbog ljudi, ali ja sam takođe patio mnogo dok sam vodio ove ljude.“ Ono što oni u stvari govore je: „Uveren sam zato što sam uradio sve što sam mogao.“ Ili, možda će biti zabrinuti da će dobiti prekor zajedno sa drugima za grehove tih ljudi, čak iako oni sami nisu bili odgovorni. Srce ovih ljudi kao što je ovo je daleko od vernosti.

Naravno, ne može svako da se moli: „Molim te oprosti njihovim grehovima ili izbriši me iz knjige života.“ To samo znači da ako gajimo plod vernosti u našim srcima, mi ne možemo samo da kažemo da nismo odgovorni za stvari koje su krenule naopako. Pre nego što mislimo da smo dali najbolje u našim željama, mi ćemo najpre misliti o vrsti srca koje imamo kada su nam date dužnosti prvi put.

Takođe, mi ćemo najpre misliti o ljubavi i milosti Božjoj za duše i da Bog ne želi da oni budu uništeni čak iako On kaže da će ih kazniti zbog njihovih grehova. Onda, koju vrstu molitve ćemo ponuditi Bogu? Mi ćemo najverovatnije reći iz dubine našeg srca: „Bože, to je moja greška. To sam ja koji ih nije bolje vodio. Daj njima još jednu šansu imajući u obzir moje ime.“

To je isto i u drugim aspektima. Oni koji su verni neće samo reći: „Ja sam uradio dovoljno," ali oni će raditi previše svim svojim srcem. U 2. Poslanici Korinćanima 12:15 Pavle je rekao: *„A ja dragovoljno potrošiću i biću potrošen za duše vaše. Ako i ljubim ja vas odviše, a vi mene manje ljubite?"*

Naime, Pavle nije bio prisiljen da brine o dušama niti je to radio površno. On je uzeo veliku radost u ispunjavanju njegove dužnosti i zbog toga je rekao da će biti istrošen za druge duše.

On je ponudio sebe ponovo i ponovo sa potpunom predanošću za dušama. Kao u Pavlovom slučaju, to je iskrena vernost ako možemo da ispunimo našu dužnost u izobilju sa sa radošću i ljubavlju.

Budi veran u istini

Pretpostavimo da se neko pridružio bandi i da je posvetio svoj život šefu bande. Da li će reći Bog da je veran? Naravno da ne! Bog može da prepozna našu vernost samo kada smo verni u dobroti i istini.

Kako hrišćanin vodi marljiv život u veri, vrlo je verovatno da će mu biti date mnoge dužnosti. U nekim slučajevima oni pokušavaju sa žarom da ispune svoje dužnosti, ali u nekom momentu samo odustaju od njih. Njihove misli mogu da nestanu zbog poslovne ekspanzije koje planiraju. Oni mogu da izgube strast u svojim dužnostima zbog poteškoća u životu ili zato što žele da izbegnu optužbe od drugih. Zašto se njihove misli menjaju na ovaj način? To je zato što oni zanemaruju duhovnu vernost dok rade za Božje kraljevstvo.

Duhovna vernost je pročišćavanje našeg srca. To je oprati

odeću našeg srca stalno. To je da odbacimo sve vrste grehova, neistinom zla, nepravednosti, bezakonja i tame i da postanemo sveti. Otkrivenje Jovanovo 2:10 kaže: *„Budi veran do same smrti, i daću ti venac života.*" Ovde, biti veran sve do smrti ne znači da mi moramo da radimo teško i verno sve do naše psihičke smrti. To takođe znači da mi treba da pokušamo da ispunimo Reč Božju u Bibliji u potpunosti celim našim životom.

Da bi ispunili duhovnu vernost, mi prvo moramo da se borimo protiv grehova do tačke prolivanja krvi i da održavamo Božje zapovesti. Prioritet je da se odbaci zlo, greh i neistina koju Bog veoma mrzi. Ako mi samo fizički naporno radimo i ne pročišćavamo naše srce, mi ne ostajemo u duhovnoj vernosti. Kao što je Pavle rekao „Ja umirem dnevno," mi moramo da stavimo naše meso u smrt u potpunosti i da postanemo posvećeni. Ovo je duhovna vernost.

Ono što Bog Otac želi od nas je najsvetije. Mi treba da shvatimo ovu tačku i da uradimo ono najbolje u pročišćavanju naših srca. Naravno, to ne znači da mi ne možemo da preuzmemo bilo koju dužnost pre nego što postanemo potpuno posvećeni. To znači da bilo koju sada dužnost iznosimo, mi treba da ispunimo svetost dok ispunjavamo naše dužnosti.

Oni koji stalno pročišćavaju svoja srca neće imati promenjenu narav u svojoj vernosti. Oni neće odustati od svoje dragocene dužnosti samo zato što imaju poteškoća u svakodnevnom životu ili neku uznemirenost u srcu. Bogom date dužnosti su obećanja stvorena između Boga i nas i mi nikada ne smemo da pogazimo naša obećanja sa Bogom u bilo kojim nevoljama.

Sa druge strane, šta će se dogoditi ako zanemarimo pročišćavanje u našim srcima? Mi nećemo moći da zadržimo naše srce kada se suočimo sa nevoljama i poteškoćama. Mi ćemo možda zaboraviti iskren odnos sa Bogom i odustaćemo od dužnosti. Onda, ako povratimo milost Božju, mi ćemo raditi naporno neko vreme i ovaj će se ciklus nastavljati dalje i dalje. Oni radnici koji se ovako kolebaju ne mogu biti prepoznati da budu verni čak iako oni rade svoj posao dobro.

Da bi imali vernost prepoznatu od Boga, mi moramo da imamo takođe i duhovnu vernost, što znači da moramo da pročistimo naše srce. Ali pročišćavanje srca samo po sebi ne donosi nagrade. Pročišćavanje je moranje za decu Božju koja su spašena. Ali ako odbacimo grehove i ispunimo naše dužnosti sa posvećenim srcem, mi možemo da gajimo mnogo više plodova nego kada ih ispunimo sa telesnim mislima. Prema tome, mi ćemo dobiti mnogo veće nagrade.

Na primer, pretpostavimo da se znojite dok volontirate u crkvi ceo dan u nedelju. Ali vi imate mnogo rasprava sa mnogim drugim ljudima i vi narušavate mir sa mnogim ljudima. Ako služite crkvi dok se žalite ili ste ogorčeni, toliko mnogo vaših nagrada će vam biti oduzeto. Ali ako služite crkvi sa dobrotom i dobri ste i u miru sa drugima, sav vaš miris biće aroma prihvatljiva za Boga i svaka vaša želja će postati vaša nagrada.

Radi u skladu sa gospodarevom željom

U crkvi, mi moramo da radimo u skladu sa srcem i voljom Božjom. Takođe, mi moramo da budemo odani u povinovanju prema našim vođama u skladu sa redom u crkvi. Poslovice 25:13 kažu: „*Veran je poslanik kao studen snežna o žetvi onima koji ga pošalju, i rashlađuje dušu svojim gospodarima.*"

Čak iako smo veoma marljivi u našima dužnostima, mi ne možemo da ugasimo želju gospodara ako samo radimo ono što želimo. Na primer, pretpostavimo da vam šef kompanije govori da morate da ostanete u kancelariji zato što veoma važna mušterija dolazi. Ali vi imate napolju neki posao koji se odnosi na kancelariju i brinete zbog toga ali će potrajati ceo dan. Čak iako ste napolju zbog posla vezanog za kancelariju, u očima vašeg šefa vi niste predani.

Razlog zbog koga se ne povinujemo gospodarevoj želji je ili zato što patimo naše sopstvene ideje ili zato što imamo sebične razloge. Ovakva vrsta osobe će možda izgledati da se povinovala svom gospodaru ali on to u stvari ne čini sa vernosti. On samo prati svoje sopstvene misli i želje i on je pokazao da može da napusti u bilo koje vreme gospodareve želje.

U Bibliji mi čitamo o osobi zvanoj Joav, koji je bio rođak i general Davidove vojske. Joav je bio sa Davidom u svim opasnostima dok je David bio proganjan od kralja Saula. On je bio pametan i hrabar. On je izvodio stvari koje je David želeo da budu urađene. Kada je napao Amonce i zauzeo njihov grad, on ga je ustvari osvojio, ali je sačekao Davida da dođe i sam ga preuzme. On nije uzimao slavu u osvajanju grada već je to prepustio Davidu.

On je služio Davidu toliko odano na ovaj način ali David se nije osećao prijatno sa njim. To je bilo zato što se nije povinovao Davidu kada bi imao ličnu korist sa sebe. Joav se nije suzdržavao da se ponaša nepristojno pred Davidom kada je želeo da postigne svoj cilj.

Na primer, general Avenir, koji je bio neprijatelj Davidu, došao je kod Davida i predao se. David ga je pozdravio i vratio ga nazad. To je bilo zato što je David mogao mnogo brže da stabilizuje ljude njegovim prihvatanjem. Ali kada je Joav saznao kasnije za ovu činjenicu, on je pratio Avenira i ubio ga. To je bilo zato što je Avenir ubio u ranijoj borbi Joavovog brata. On je znao da će David biti u teškoj situaciji ako ubije Avenira ali on je samo pratio svoja osećanja.

Takođe, kada se Davidov sin Avesalom pobunio protiv Davida, David je tražio od vojnika koji su išli u borbu sa Avesalomovim ljudima da se ponašaju ljubazno prema njemu. Kada je čuo ovo naređenje, Joav je ipak samo ubio Avesaloma. Možda je to bilo zato jer da su ostavili Avesaloma da živi, on bi se opet pobunio, ali na kraju, Joav se nije povinovao kraljevom naređenju po sopstvenom nahođenju.

Čak iako je on išao kroz teška vremena sa kraljem, on se nije povinovao kralju u ključnim momentima i David nije više mogao da mu veruje. Konačno, Joav se pobunio protiv kralja Solomona, Davidovog sina i bio je bačen u smrt. U ovom vremenu takođe, radije nego da se povinuje volji Davida, on je želeo da postavi osobu za koju je smatrao da treba da bude kralj. On je služio Davidu tokom celog života ali umesto da postane zaslužni pratioc njegov život se završio kao buntovnik.

Kada mi činimo Božja dela, radije nego koliko ambiciozno činimo dela, važnija je činjenica da li pratimo volju Božju. To nije od koristi ako smo verni ako idemo protiv volje Božje. Kada mi radimo u crkvi, mi takođe treba da pratimo naše vođe pre nego što pratimo sopstvene ideje. Na ovaj način, neprijatelj đavo i Sotona ne mogu da iznesu nikakve optužbe i mi ćemo moći da damo slavu Bogu na kraju.

Budi veran u celoj Božjoj kući

„Biti veran u celoj Božjoj kući" znači biti veran u svim aspektima koji se odnose na nas. U crkvi, mi treba da ispunimo sve za šta smo odgovorni čak i kada imamo mnogo dužnosti. Čak i kada nemamo određenu dužnost u crkvi, jedna od naših dužnosti je da budemo prisutni gde treba da prisustvujemo kao članovi.

Ne samo u crkvi već i na radnim mestima i školi, svako ima svoje dužnosti. U svim ovim aspektima, mi moramo da ispunimo sve svoje dužnosti kao članovi. Biti veran u celoj Božjoj kući je biti veran u svim našim dužnostima u svim aspektima našeg života: kao Božja deca, kao vođe članova crkve, kao članovi porodice, kao zaposleni u kompaniji ili kao studenti ili učitelji u školi. Mi ne treba da budemo verni samo u jednoj ili dve dužnosti i da zanemarimo druge obaveze. Mi moramo da budemo verni u svim aspektima.

Neko će možda misliti: „Ja imam samo jedno telo i kako mogu da budem veran u svim oblastima?" Ali do mere da smo se promenili u duh, to nije nešto teško da budemo verni celoj Božjoj kući. Čak iako ulažemo samo malo vremena, mi ćemo zasigurno ubrati plodove ako sejemo u duhu.

Takođe, oni koji su se promenili u duhu ne prate svoju sopstvenu korist i ugođaj već misle o koristi drugih. Oni vide stvari iz najpre iz pogleda drugih. Prema tome, takvi ljudi će voditi računa o svim svojim dužnostima čak iako moraju da žrtvuju sebe. Takođe, do mere u kojoj smo postigli nivo duha, naše srce će biti ispunjeno dobrotom. A ako smo dobri mi nećemo iznositi argumente samo sa jedne određene strane. Tako da, čak iako imamo mnogo dužnosti, mi nećemo zanemariti ni jednu od dužnosti.

Mi ćemo pokušavati da se brinemo o svima u našem okruženju i truditi se da se o drugima brinemo malo više. Onda, ljudi u našoj okolini će osetiti iskrenost našeg srca. Tako da, oni neće biti razočarani zato što mi ne možemo da budemo sa njima sve vreme već će umesto toga biti zahvalni zato što se brinemo o njima.

Na primer, jedna osoba ima dve obaveze, i ona je vođa u jednoj grupi a samo član u drugoj. Ovde, ako ima dobrotu i ako gaji plod vernosti, ona neće zanemariti ni jednu od njih. Ona neće samo reći: „Članovi kasnije grupe će razumeti zašto nisam sa njima zato što sam vođa ove glavne grupe." Ako ona fizički ne može da bude u obe grupe, ona će pokušati da bude od pomoći toj grupi na drugačiji način i u srcu. Slično tome, mi možemo da budemo verni u celoj Božjoj kući i da imamo mir sa svakim do mere da imamo dobrotu.

Vernost za Božje kraljevstvo i pravednost

Josif je bio prodat kao rob u kući Petefrija, kapetana kraljevskog telohranitelja. I Josif je bio veran i pouzdan da je Petefrije ostavljao sav posao u kući ovom mladom robu i nije mario šta će on da uradi. To je zato što je Josif brinuo čak i o malim stvarima najbolje što je mogao, imavši srce gospodara.

Kraljevstvu Božjem takođe treba mnogo vernih radnika što je Josif bio u mnogim oblastima. Ako ste imali određeni zadatak i

Ispunili ste ga tako verno da vaš vođa ne mora ni malo da brine o tome, onda koliko velika će biti vaša snaga za kraljevstvo Božje!

Jevanđelje po Luki 16:10 kaže: „*Koji je veran u malom i u mnogom je veran; a ko je neveran u malom i u mnogom je neveran.*" Iako je služio fizičkom gospodaru, Josif je radio verno sa verom u Boga. Bog to nije smatrao beznačajnim, već umesto toga On je načinio Josifa prvim ministrom Egipta.

Ja nikad nisam osećao da treba da se odmorim od činjenja Božjih dela. Ja sam uvek nudio celo noćne molitve čak i pred otvaranje crkve ali nakon što se crkva otvorila, ja sam se molio od ponoći do 4 sata ujutru lično sam, a onda sam vodio molitvene jutarnje službe u 5 sati izjutra. U to vreme mi nismo imali Danilove molitvene sastanke koje imamo danas, sa početkom u 9 sati uveče. Mi nismo imali neke druge pastore ili vođe ćelija, tako da sam ja sam morao da vodim sve molitvene sastanke u zoru sasvim sam. Ali nikada nisam propustio ni jedan dan.

Šta više, ja sam morao da pripremim ceremoniju za nedeljnu službu, službu u sredu i za celo večernju službu petkom dok sam pohađao teološki seminar. Nikada nisam odbacivao dužnosti ili prebacivao ih drugima zato što sam bio umoran. Nakon što sam se vratio sa seminara, ja sam se brinuo o bolesnim ljudima ili sam išao u posete članovima. Postojalo je mnogo bolesnih ljudi koji su dolazili sa svih strana zemlje. Ja sam uvek stavljao srce svaki put kada sam išao u posetu članovima crkve da bi im duhovno služio.

U to vreme, neki studenti morali su da idu sa jednim ili dva autobusa i da presedaju da bi došli u crkvu. Sada, mi imamo u crkvi autobuse ali u to vreme nismo imali. Tako da, ja sam želeo da studenti mogu da dođu u crkvu bez briga o autobuskim kartama. Ja sam pratio studente posle službi bogosluženja do autobuske stanice i davao sam im autobuske oznake ili karte kada su odlazili. Ja sam im davao dovoljno autobuskih oznaka kako bi mogli takođe da dođu u crkvu i drugi put. Iznos ponuda za crkvu bio je samo nekoliko desetina dolara, tako da to crkva nije mogla da zbrine. Ja sam im davao za autobuski prevoz od moje lične uštеđevine.

Kada bi se nova osoba registrovala, ja sam svakoga smatrao kao dragoceno blago, tako da sam se molio za njih i služio sam im sa ljubavlju kako ne bi izgubio ni jednog od njih. Iz ovog razloga u to vreme nijedna od registrovanih osoba u crkvi nije odlazila. Svakako, crkva je nastavila da raste. Sada kada crkva ima toliko članova, da li to znači da se moja vernost ohladila? Naravno da ne! Moj zanos za dušama se nikada nije ohladio.

Sada, mi imamo više od 10000 ogranka crkve širom sveta kao i mnogo pastora, starešina, đakona i vođa okruga, pod-okruga i grupnih ćelija. A ipak, moje molitve i ljubav za duše su samo počeče još više i revnosnije da rastu.

Da li se u bilo kojem slučaju vaša vernost prema Bogu ohladila? Da li ima neko među vama kome su date Bogom dane dužnosti ali više nema nikakve dužnosti? Ako vi imate istu dužnost kao i u prošlosti, zar se nije vaša strast za dužnosti ohladila? Ako mi imamo iskrenu veru naša vera će samo rasti kako postajemo odrasliji u našoj veri i mi smo verni u Gospodu kada ispunjavamo kraljevstvo Božje i spašavamo brojne duše. Tako da, mi ćemo dobiti mnogo u dragocenim nagradama kasnije na Nebu!

Da je Bog želeo vernost samo u delima, On ne bi morao da

stvara čovečanstvo, zato što postoji mnogobrojna nebeska vojska i anđeli koji mu se veoma dobro pokoravaju. Ali Bog nije želeo nekoga ko će mu se bezuslovno pokoriti, nešto poput robota. On je želeo decu koja će biti verna sa svojom ljubavi prema Bogu koja proizilazi iz dubine njihovih srca.

Psalmi 101:6 kažu: „*Oči su moje obraćene na verne na zemlji, da bi sedeli sa mnom. Ko hodi putem pravim, taj služi meni.*" Oni koji odbace sve forme zla i postanu verni Božjoj kući će dobiti blagoslove da uđu u Novi Jerusalim, koje je najlepše mesto boravka na Nebu. Prema tome, ja se nadam da ćete vi postati radnici koji su kao stubovi kraljevstva Božjeg i da ćete uživati u časti kada ste blizu prestola Božjeg.

Jevanđelje po Mateju 11:29

„Uzmite jaram Moj na sebe, i naučite se od Mene,

jer sam Ja krotak i smeran u srcu,

i naći ćete pokoj dušama svojim."

Poglavlje 9

Krotkost

Krotkost da prihvatimo mnogo ljudi

Duhovna krotkost praćena uzdržanjem

Karakteristike onih koji gaje plod krotkosti

Gajiti plod krotkosti

Kultivisanje dobre zemlje

Blagoslovi za krotke

Krotkost

Iznenađujuće je da većina ljudi brine o prekoj naravi, depresiji ili o svom karakteru koji je izuzetno introvertan ili previše ekstrovertan. Neki ljudi samo pripisuju sve svojoj ličnosti kada stvari ne idu onako kako bi trebalo da idu, govoreći: „Ja tu ništa ne mogu, to su moje osobine." Ali Bog je stvorio čoveka i nije teško Bogu da promeni osobine ljudi sa Njegovom moći.

Mojsije je jednom ubio čoveka zbog svoje loše naravi, ali on je bio promenjen sa moći Božjom do takve mere da je bio prepoznat od Boga da postane najponiznija i najpokornija osoba na celoj zemaljskoj kugli. Apostol Jovan je imao nadimak „sin groma," ali on je bio promenjen sa moći Božjom i bio je priznat kao „krotak apostol."

Ako su spremni da odbace zlo i da izoru svoje polje u srcu, čak i oni koji su preke naravi, oni koji su hvalisavi i oni koji su sebični mogu da budu promenjeni i da kultivišu karakter krotkosti.

Krotkost da prihvatimo mnogo ljudi

U rečniku krotkost je kvalitet ili stanje biti krotak, nežan, ljubazan ili drag. Oni koji su stidljivi ili „ne društveno stidljivi" po karakteru, ili oni koji ne mogu sebe da izraze veoma dobro izgledaju da su krotki. Oni koji su naivni ili oni koji ne mogu da se naljute ni malo zbog niskog nivoa inteligencije možda će da izgledaju krotki u očima svetovnih ljudi.

Ali duhovna krotkost nije samo jednostavno biti drag i nežno ljubazan. To je imati mudrost i sposobnost da se razazna između dobrog i lošeg i u isto vreme mogućnost da se razume i prihvati svako zato što u njima nema nikakvo zlo. Naime, duhovna krotkost je da imate velikodušnost u kombinaciji sa nežnim i ljubaznim karakterom. Ako imate ovu vrlinu krotkosti, vi nećete samo biti nežni sve vreme već ćete imati strogo dostojanstvo kada je to potrebno.

Srce krotke osobe je meko poput pamuka. Ako bacite kamen na pamuk ili ga čačkate iglom, pamuk će samo prekriti ili prigrliti predmet. Slično tome, bez obzira kako se drugi ljudi ophode prema njima, oni koji imaju duhovnu krotkost neće imati loša osećanja u svojim srcima prema njima. Naime, oni se neće naljutiti ili će iskusiti neugodnost i oni takođe neće činiti da se drugi osećaju neugodno.

Oni ne šire osude ili optužbe već razumeju i prihvataju. Ljudi će se osećati prijatno sa takvim ljudima i mnogi ljudi će moći da dođu i da pronađu mir u onima koji su krotki. To je baš kao veliko drvo sa mnogo grana na koje ptice sleću, prave gnezda i odmaraju se na granama.

Mojsije je jedan od ljudi koji je bio prepoznat od Boga zbog svoje krotkosti. Brojevi 12:3 kažu: *„A Mojsije beše čovek vrlo krotak mimo sve ljude na zemlji.“* Za vreme Izlazka broj sinova Izraela je iznosio više od 600.000 starijih muškaraca. Uključujući žene i decu bio bi mnogo veći od dva miliona. Da se povede tako ogromno veliki broj ljudi bi samo po sebi bio veoma težak zadatak čak i za običnu osobu.

To posebno važi za one ljude otvrdnelih srca kao što su bivši robovi Egipta. Da ste vi redovno tučeni, da ste slušali prljave i pogrdne reči i da ste radili naporan rad kao robovi, vaše srce bi postalo kruto i okorelo. U ovakvim uslovima, nije bilo lako da se ugravira bilo kakva milost u njihovim srcima ili mogućnost da vole Boga iz srca. To je razlog zašto su ljudi postali neposlušni prema Bogu svaki put čak i kada im je Mojsije pokazivao tako veliku moć.

Kada su se suočavali i sa najmanjim poteškoćama u njihovoj situaciji, oni bi ubrzo počeli da se žale i ustajali bi protiv Mojsija. Samo kada vidimo činjenicu da je Mojsije vodio ljude kroz divljinu 40 godina, mi možemo da razumemo koliko je Mojsije bio duhovno krotak. Ovo srce Mojsija je duhovna krotkost, koja je jedna od plodova Svetog Duha.

Duhovna krotkost praćena uzdržanjem

Ali, da li postoji neko ko misli sledeće: „Ja ne mogu da se naljutim i mislim da sam krotkiji od drugih ali ja zaista ne dobijam odgovore na moje molitve. Ja u stvari čak i ne čujem glas Svetog Duha?“ Onda, vi bi trebali da proverite da li je ili ne vaša krotkost telesna krotkost. Ljudi mogu da kažu da ste vi krotki ako vi izgledate blagi i staloženi ali to je samo telesna krotkost.

Ono što Bog želi je duhovna krotkost. Duhovna krotkost nije samo biti krotak i nežan već ona mora biti praćena sa velikodušnom krotkosti. Zajedno sa nežnosti u srcu, vi takođe treba da imate kvalitet velikodušne krotkosti sa spolja kako bi u potpunosti kultivisali duhovnu krotkost. To je mnogo slično kao kod osobe sa savršenim karakterom koja nosi odelo koje se poklapa sa njegovim karakterom. Čak i kada osoba ima dobar karakter, ako on ide naokolo nag i bez odeće, njegova nagost će biti njegova sramota. Slično tome, krotkost bez velikodušnosti nije potpuna.

Velikodušna krotkost je kao oprema koja čini da krotkost sija ali se razlikuje od legalnih ili licemernih dela. Ako svetost nije u vašim srcima onda se ne može reći da imate velikodušnu krotkost zato što imate spoljašnja dobra dela. Ako vaši argumenti govore u prilog odgovarajućim delima više nego da kultivišete vaše srce, onda vi verovatno nećete da prestanete da shvatate vaše mane i pogrešno ćete da mislite da ste ispunili duhovni rast do velike mere.

Ali čak i na ovom svetu, ljudi koji imaju samo spoljašnji izgled bez da imaju dobre ličnosti, neće dotaći srca drugih ljudi. U veri, takođe, koncentrisati se na spoljašnja dela bez kultivisanja unutrašnje lepote je beznačajno.

Na primer, neki ljudi rade pošteno ali šire osude i gledaju na druge koji ne rade kao oni. Oni takođe mogu da insistiraju na sopstvenim standardima dok se suočavaju sa drugima, misleći: „Ovo je pravi način, tako da zašto oni ne rade na ovaj način?“ Oni možda govore lepe reči kada daju savete ali šire osude prema drugima u njihovim srcima i govore u njihovoj samopravednosti i sa bolesnim osećanjima. Ljudi ne mogu da nađu odmor u ovim ljudima. Oni će samo biti povređeni i obeshrabreni tako da neće želeti da ostanu blizu ovakvih ljudi.

Neki ljudi se takođe naljute i postanu razdražljivi zbog svoje samopravednosti i zlobe. Ali oni kažu da samo imaju „pravedni gnev“ i da je to za dobrobit drugih. Ali oni koji imaju velikodušnu krotkost neće izgubiti mir u mislima u bilo kojoj situaciji.

Ako vi zaista želite da gajite u potpunosti plodove Svetog Duha, vi ne možete da prekrijete samo zlo u vašim srcima sa vašim spoljašnjim izgledom. Ako to uradite, onda je to samo predstava za druge ljude. Vi treba da proverite sebe opet i ponovo u svemu i da izaberete put dobrote.

Karakteristike onih koji gaje plod krotkosti

Kada ljudi vide one koji su krotki i koji imaju široko srce, oni kažu da je srce ovih ljudi kao okean. Okean prihvata sve zagađene vode iz potoka i reka i pročišćava ih. Ako mi kultivišemo široko i krotko srce poput okeana, mi možemo da povedemo čak i grehom obojene duše na put spasenja.

Ako mi imamo spoljašnju krotkost zajedno i sa unutrašnjom krotkosti, mi možemo da okupimo srca mnogih ljudi i mi možemo da ispunimo mnoge stvari. Sada, dozvolite mi da vam navedem neke primere karakteristika onih koji gaje plod krotkosti.

Prvo, oni su dostojanstveni i umereni u svojim delima.

Oni koji se pojavljuju sa nežnim temperamentom ali su u stvari neodlučni, ne mogu da prihvate druge. Na njih će se gledati i biće iskorišćeni od drugih. U istoriji, neki kraljevi su bili nežnog karaktera ali nisu imali velikodušnu krotkost, tako da zemlja nije bila stabilna. Kasnije u istoriji ljudi su ga smatrali ne kao nežnu osobu već kao nesposobnu i neodlučnu.

Sa druge strane, neki kraljevi su imali topao i nežan karakter sa mudrošću koja je praćena dostojanstvom. Pod vladavinom takvih kraljeva, zemlja je bila stabilna i ljudi su imali mir. Slično tome, oni koji imaju oboje krotkost i velikodušnu krotkost imali su prikladni standard u osuđivanju. Oni su radili što je ispravno razaznajući ispravno dobro od lošeg.

Kada je Isus pročistio Hram i prekorio licemerje Fariseja i pisara, On je bio veoma jak i odlučan. On je imao krotko srce kako ne bi „pohabao trsku ili ugasio fitilj koji tinja," a ipak On je oštro prekoravao ljude kada je to On morao da radi. Ako vi imate takvu vlast i pravednost u srcu, ljudi neće da vas posmatraju sa visine čak iako nikada niste podigli vaš glas ili pokušali da budete odlučni.

Spoljašnji izgled se takođe odnosi u posedovanju ponašanja Gospoda i u savršenim delima tela. Oni koji su velikodušni imaju dostojanstvo, vlast i važnost u svojim rečima; oni ne govore beznačajne i besmislene reči. Oni oblače prikladnu odeću u svakoj prilici. Oni imaju blag izraz lica, a ne lice koje je grubo i hladno.

Na primer, pretpostavimo da osoba ima neurednu kosu i odeću i da je njegovo ponašanje nedostojno. Pretpostavimo da on takođe govori šale i govori o bezazlenim stvarima. Verovatno je teško za tu osobu da stekne poverenje i poštovanje od drugih. Drugi ljudi neće želeti da budu prihvaćeni i da ih on zagrli.

Da se Isus šalio sve vreme, Njegovi učenici bi pokušavali da se sa Njime šale. Tako da, da ih je Isus učio nešto teško, oni bi se odmah raspravljali ili bi insistirali na svojem mišljenju. Ali oni se nisu usudili da to urade. Čak i oni koji su dolazili da se sa Njime svađaju u stvari nisu ni mogli da se svađaju sa Njime zbog Njegovog dostojanstva. Isusove reči i dela su uvek imala težinu i dostojanstvo, tako da ljudi nisu mogli samo tako olako da Njega shvataju.

Naravno, ponekad oni superiorniji i licemerniji mogu da naprave šalu svojim potčinjenima kako bi podigli raspoloženje. Ali ako su se potčinjeni šalili zajedno i bili su neuljudni, to znači da oni nisu imali prikladno razumevanje. Ali ako vođe nisu pravedne i nastupaju rastrojeno, oni ne mogu čak ni da steknu poverenje drugih. Naročito, visoko rangirani činovnici u kompaniji moraju da imaju ispravne stavove, način govora i ponašanje.

Pretpostavljeni u organizaciji govore počasnim jezikom i rade sa poštovanjem ispred svojih potčinjenih, ali ponekad, ako neko od njegovi potčinjenih pokazuje preterano poštovanje, ovaj pretpostavljeni može govoriti običnim jezikom, ne u počasnim oblicima kako bi svojim pretpostavljenima olakšao. U ovoj situaciji, ne biti toliko učtiv može mnogo da olakša njegovim potčinjenima i on može da otvori njegovo srce mnogo lakše na ovaj način. Ali samo zato što je pretpostavljeni olakšao svojim potčinjenima, ljudi nižeg ranga neće na pretpostavljenog gledati nisko, neće se svađati sa njim ili mu se neće povinovati.

Poslanica Rimljanima 15:2 govori: „*I svaki od vas da ugađa bližnjemu na dobro za dobar ugled.*" Poslanica Filipljanima 4:8 kaže: „*A dalje, braćo moja, šta je god istinito, šta je god pošteno, šta je god pravedno, šta je god prečisto, šta je god preljubazno, šta je god slavno, i još ako ima koja dobrodetelj, i ako ima koja pohvala, to mislite.*" Slično tome, oni koji su velikodušni i krotki će uraditi sve pravedno i oni takođe imaju razumevanje da učine drugim ljudima ugođaj.

Sledeće, nežno pokažite milosna dela i saosećanje imajući široko srce.

Oni neće samo da pomognu onima koji su u finansijskoj potrebi već takođe i onima koji su duhovno umorni i slabi ugađajući im i pokazujući i milost. Ali čak ako oni imaju krotkost prema njima, ako ta krotkost ostaje samo u njihovim srcima onda je teško da se odaje aroma Hrista.

Na primer, pretpostavimo da postoji vernica koji pati od proganjanja zbog njene vere. Ako crkvene vođe u njenom okruženju saznaju za to, oni će se saosećati sa njom i moliće se za nju. Oni su vođe koji osećaju saosećanje samo u njihovim srcima. Sa druge strane, neke druge vođe će je lično ohrabriti i ugađati joj i takođe će joj pomoći u željama i delima u skladu sa situacijom. Oni je podstiču da bi joj pomogli da to prevaziđe sa verom.

Tako da, imati samo razumevanje u srcu i pokazivati prave želje će biti veoma teško za osobu koja prolazi kroz probleme. Kada se sa spolja pokaže krotkost i velikodušne želje, to može dati drugima život i milost. Prema tome, kada Biblija kaže: „*blago krotkima, jer će naslediti zemlju*" (Jevanđelje po Mateju 5:5), to ima blisku vezu sa vernosti koja postaje kao rezultat velikodušne krotkosti. Nasleđivanje zemlje se odnosi na nebeske nagrade. Obično, dobijanje nebeskih nagrada ima odnos sa vernošću. Kada vi dobijete plaketu zahvalnosti, orden časti ili neku nagradu za evangelizam od crkve, to je rezultat vaše vernosti.

Slično tome, krotak će dobiti blagoslove ali to ne dolazi samo od samog krotkog srca. Kada je krotko srce izražajno sa velikodušnosti i velikodušnim željama, onda će oni gajiti plodove vernosti. Onda će oni dobiti kao rezultat nagrade. Naime, kada vi velikodušno prihvatite i zagrlite mnogo duša, ugađate im i ohrabrujete ih i dajete im život, vi ćete naslediti zemlju na Nebu kroz ovakva dela.

Gajiti plod krotkosti

Sada, kako mi možemo da gajimo ovaj plod krotkosti? Odlučno govoreći, mi treba da kultivišemo naše srce u dobru zemlju.

> *I On im kaziva mnogo u pričama govoreći: „Gle, iziđe sejač da seje; i kad sejaše, jedna zrna padoše kraj puta, i dođoše ptice i pozobaše ih. A drugo pade na kamenito mesto gde ne beše mnogo zemlje; i odmah izniče; jer ne beše u dubinu zemlje. A kad obasja sunce, uvenu, i budući da nemaše korena, usahnu. A druga padoše u trnje, i naraste trnje, i podavi ih. A druga padoše na zemlju dobru, i donošahu rod, jedno po sto, a jedno po šezdeset, a jedno po trideset."* (Jevanđelje po Mateju 13:3-8).

U Jevanđelju po Mateju poglavlje 13, naše srce je poput četiri vrste zemlje. To može biti kategorisano kao sporedni put, kamenito polje, trnovito polje i dobra zemlja.

Srce zemlje koje se poredi sa putem mora da se slomi od samopravednosti i sebičnih ograničenja.

Sporedni put su gazili ljudi da bi otvrdnuo, tako da seme ne može da se posadi u njemu. Seme ne može da pusti koren i jedu ga ptice. Oni koji imaju takvo srce imaju tvrdoglave misli. Oni ne otvaraju svoje srce prema istini, tako da oni ne mogu da se sretnu sa Bogom niti da poseduju veru.

Njihovo sopstveno znanje i sistem važnosti je bilo tako jako učvršćeno da oni ne mogu da prihvate Reč Božju. Oni čvrsto veruju da su u pravu. Kako bi oni mogli da slome svoju samopravednost i ograničenost, oni moraju da unište najpre zlo u njihovim srcima. Veoma je teško da slome svoju samopravednost i ograničenost ako jedan ima ponos, aroganciju, tvrdoglavost i neistinu. Takva zloba će njima uzrokovati da imaju telesne misli koja će ih udaljavati od verovanja u Reč Božju.

Na primer, oni koji gomilaju neistinu u njihovim mislima ne mogu da se udalje od sumnja čak i kada drugi govore istinu. Poslanica Rimljanima 8:7 kaže: „*Jer telesno mudrovanje neprijateljstvo je Bogu, jer se ne pokorava zakonu Božijem niti može.*" Kao što je zapisano, oni ne mogu da kažu „Amin" Reči Božjoj niti da joj se povinuju.

Neki ljudi su na početku veoma tvrdoglavi, ali jednom kada prime milost u svojim mislima promene se, oni postaju veoma revnosni u svojoj veri. Ovo je slučaj kada oni imaju poboljšane spoljašnje umove ali sa nežnim i krotkim unutrašnjim srcem. Ali ljudi kao sa sporednim putem se razlikuju od ovakvih ljudi. Njihov je slučaj kada je njihovo unutrašnje srce takođe poboljšano. Srce koje je poboljšano sa spolja ali krotko iznutra može da se uporedi sa tankim ledom dok sporedni put može da se uporedi sa bazenom punom vode koje je do dna zamrznuto.

Zato što je srce poput sporednog puta oštro sa neistinom i zlobom veoma dugo vremena, nije lako da se slomije za veoma kratko vreme. Jedan mora da nastavi da ga lomi opet i opet da bi ga kultivisao. Kada god se Reč Božja ne slaže sa njihovim mislima, oni moraju da misle o tome da li su njihove misli zaista ispravne.

Takođe, oni moraju da skladište dela dobrote kako bi im Bog dao milost.

Ponekad, neki ljudi mi traže da se molim za njih kako bi oni mogli da imaju veru. Naravno, žalosno je što oni ne mogu da imaju veru nakon što su bili svedoci moći Božje i dok su slušali toliko puta Reč Božju, ali opet je bolje i to nego ne pokušati ništa. U slučaju srca poput sporednog puta, njihovi članovi porodice i crkvene vođe moraju da se mole za njih i da ih vode, ali opet je važno da i oni takođe imaju sopstvenu snagu. Onda, u određeno vreme, seme Reči Božje počeće da klija u njihovim srcima.

Srce koje je slično kamenom polju treba da odbaci ljubav zbog sveta.

Ako posadite seme u kamenitom polju, ono će isklijati ali neće dobro da raste zbog kamenja. Na isti način, oni koji imaju srce poput kamenitog polja uskoro će pasti u iskušenja, proganjanja ili pobuda koja će uslediti.

Kada oni dobiju Božju milost, oni će se osećati kao da zaista žele da pokušaju da žive po Reči Božjoj. Oni će možda takođe osetiti vatrena dela Svetog Duha. To govori da je seme Reči Božje palo na njihovo srce i počelo je da klija. Međutim, čak i nakon što dobiju milost, oni će imati opterećene misli koje će rasti kada trebaju da idu u crkvu sledeće nedelje. Oni su na neki način iskusili Svetog Duha ali počeli su da sumnjaju osećajući da je to bila neka vrsta momenta ili emotivnog uzbuđenja. Oni imaju misli koje ih teraju da sumnjaju i oni zatvaraju vrata ponovo u svojim srcima.

Za druge, konflikt može da bude kada oni ne mogu da napuste

svoje hobije ili druge zabave u kojima su navikli da uživaju i oni ne održavaju Gospodnji dan. Ako su oni proganjani od članova svoje porodice ili svojih šefova dok vode Duhom ispunjen život, oni prestaju da posećuju crkvu. Oni dobijaju velike blagoslove i čini se kao da vode vatreni život u veri, ali ako imaju probleme sa drugim vernicima u crkvi, oni će se možda uvrediti i uskoro će napustiti crkvu.

Onda, koji je razlog što seme Reči ne pušta koren? To je zbog „kamenja" koje je smešteno u srcu. Meso srca je simbolično predstavljeno kao „kamenje" i to je ova neistina koja ih drži podalje u povinovanju Reči. Između mnogim neistinitim stvarima, ovo su one koje su toliko teške da zaustavljaju seme Reči da pušta koren. Još određenije, to je meso srca koje voli ovaj svet.

Ako oni vole nešto od svetske zabave, onda je teško za njih da održe Reč govoreći im: „Održavaj dan Sabata svetim." Takođe, oni koji imaju kamen pohlepe u njihovim srcima ne dolaze u crkvu zato što mrze da daju desetak i ponude Bogu. Neki ljudi imaju kamen mržnje u svojim srcima, tako da reč ljubavi ne može da pusti koren.

Pored onih koji dobro posećuju crkvu, postoje oni koji imaju srce poput kamenog polja. Na primer, čak iako su oni rođeni i odgajani u hrišćanskim porodicama i učili su Reč od detinjstva, oni ne žive po Reči. Oni su iskusili Svetog Duha i ponekad su takođe dobili milost, ali oni nisu odbacili svoju ljubav prema svetu. Dok su slušali Reč, oni su mislili u sebi da ne bi trebali da žive kao što žive sada, ali kada se vrate kući oni se ponovo vraćaju svetu. Oni žive svoje živote tako što stoje na ogradi sa jednom nogom na strani Boga i sa drugom nogom na strani sveta. Zato što su čuli Reč oni nisu napustili Boga ali oni ipak imaju mnogo kamenja u svojim srcima koje skriva Reč Božju da pusti koren.

Takođe, neka kamenita polja su samo delimično kamenita. Na primer, neki ljudi su verni bez da menjaju mišljenje. Oni takođe gaje neke plodove. Ali oni imaju oštro srce i oni imaju sukobe sa drugima u svakom pogledu. Oni takođe šire osude i optužbe i ipak narušavaju mir sa svakim. Iz ovog razloga, nakon toliko godina, oni ne gaje plodove ljubavi ili plodove nežnosti. Drugi imaju nežno i dobro srce. Oni su uviđajni shvatljivi drugima ali oni nisu verni. Oni lako krše obećanja i neodgovorni su u mnogim pogledima. Tako da, oni moraju da poboljšaju svoje mane da bi izorali svoje srce koje je polje u dobru zemlju.

Sada, šta mi treba da uradimo da bi izorali kameno polje?

Prvo, mi treba revnosno da pratimo Reč. Određeni vernik pokušavao je da ispuni svoje dužnosti u povinovanju Reči koja nam govori da budemo verni. Ali to nije tako lako kao što je mislio.

Kada je on bio samo član laik crkve koji nije imao titulu ili poziciju, drugi članovi su mu služili. Ali sada u svojoj poziciji on mora da služi drugim članovima koji su laici. On će se možda naporno truditi, ali on ima loša osećanja kada radi sa nekim ko se ne slaže sa time što on kaže. Njegova loša osećanja kao što su ogorčenost i tvrdoglavost izlaze iz njegovog srca. On uveliko gubi ispunjenje Duhom i čak i misli da napusti svoje dužnosti.

Onda, ova loša osećanja su kamenje koje on treba da odbaci iz srca koje je kao polje srca. Ova loša osećanja potiču od velikog kamena nazvanog „mržnja." Kada on pokušava da se povinuje Reči,

„budi veran," on se sada suočava sa kamenom koji je nazvan „mržnja." Kada on to otkrije, on mora da napadne ovaj kamen nazvan „mržnja" i da ga iščupa. Samo onda on može da se povinuje Reči koja nam govori da volimo i da imamo mir. Takođe, on ne sme da odustane samo zato što je to teško, već on mora da nastavi sa svojom dužnosti čak još i silnije i da to ispuni jos strastvenije. Na ovaj način, on može da se promeni u radnika koji je krotak.

Drugo, mi moramo iskreno da se molimo dok praktikujemo Reč Božju. Kada kiša pada na polju, ono će postati vlažno i meko. To je najbolje vreme da se pomeri kamenje. Slično tome, kada se mi molimo, mi ćemo biti ispunjeni Duhom i naše srce će postati meko. Kada smo mi ispunjeni Svetim Duhom uz molitve, mi ne bi trebali da propustimo tu priliku. Mi treba brzo da izbacimo kamenje. Naime, mi treba odmah praktikujemo stvari koje ranije i nismo mogli. Kako mi nastavimo da radimo ovo ponovo i ponovo, čak i veliko kamenje može biti uzdrmano i iščupano. Kada mi dobijemo milost i snagu koju nam Bog daje od gore i kada dobijemo ispunjenje Svetim Duhom, onda mi možemo da odbacimo grehove i zlo koje mi nismo mogli ranije da odbacimo sa sopstvenom slobodnom voljom.

Trnovit put ne gaji plodove zbog svetovnih briga i prevara bogataša.

Ako mi posadimo semena u trnovitim poljima, oni će možda klijati i rasti ali zbog trnja ona neće da gaje plodove. Slično tome, oni koji imaju srca kao trnovita polja veruju i pokušavaju da praktikuju Reč koja im je data ali ne mogu u potpunosti da Reč stave u praktikovanje. To je zato što oni imaju brigu sveta i prevare bogatstva, što je pohlepa za novcem, slavom i moći. Iz ovog razloga, oni žive u sukobima i iskušenjima.

Ovakvi ljudi imaju stalne brige zbog fizičkih stvari, kao što su kućni poslovi, njihovo poslovanje ili njihov sutrašnji posao čak iako oni dolaze u crkvu. Oni bi trebali da gaje ugodnost i novu snagu dok posećuju službe u crkvi, ali oni imaju samo uokvirene brige i zabrinutost. Onda, iako su oni proveli mnogo nedelja u crkvi, oni ne mogu da iskuse iskrenu radost i mir u održavanju nedelje kao svetom. Da oni nastavljaju da održavaju nedelju svetom, njihova duša bi napredovala i oni bi dobili duhovne i materijalne blagoslove. Ali oni nisu u mogućnosti da dobiju takve blagoslove. Tako da, oni moraju da uklone trnje i da prikladno praktikuju Reč Božju tako da bi mogli da imaju plodno srce.

Sada, kako mi možemo da izoremo trnovito polje?

Mi moramo da iščupamo trnje iz korena. Trnje predstavlja telesne misli. Njihovo trnje simbolizuje telesne misli srca. Naime, zli i telesni atributi u srcu su izvori telesnih misli. Da je samo granje isečeno sa trnovitog žbunja, ono bi izraslo ponovo. Slično tome, čak iako smo promenili naše mišljenje da ne bi imali telesne misli, mi ne možemo da ih zaustavimo sve dok imamo zlo u našim srcima. Mi moramo da iščupamo meso iz srca iz korena.

Između mnogo korena, ako iščupamo koren nazvan pohlepom i arogancijom, mi možemo da odbacimo meso iz naših srca do određene mere. Mi smo skloni da imamo obavezu prema svetu i zabrinutost prema svetovnim stvarima zato što imamo pohlepu za telesnim stvarima. Onda mi stalno mislimo šta nama ide u korist i pratimo samo naš put, čak iako ćemo možda reći da mi živimo po Reči Božjoj. Takođe, ako mi imamo arogantnost mi ne možemo čak ni da se povinujemo u potpunosti. Mi koristimo našu telesnu mudrost i naše telesne misli zato što mislimo da smo sposobni nešto da uradimo. Prema tome, mi prvo moramo da iščupamo korenje nazvano pohlepa i arogancija.

Kultivisanje dobre zemlje

Kada je seme posađeno u dobroj zemlji, ono će klijati i rasti i gajiće plodove 30, 60 ili 100 puta više. Oni koji imaju takvo srce-polje nemaju samopravednost i ograničenost poput onih koji imaju srce kao sporedni put. Oni nemaju nikakvo kamenje ili trnje i zbog toga oni se povinuju Reči Božjoj samo sa „Da" i „Amin." Na ovaj način, oni mogu da gaje plodove u izobilju.

Naravno, teško je da se napravi razlika između sporednog puta, kamenog puta, trnovitog puta i dobre zemlje u ljudskom srcu kao kada bi to analizirali sa nekom merom. Srce sporednog puta sadrži neku kamenitu zemlju. Čak i dobra zemlja stavlja neku neistinu koja je kao kamenje u procesu rasta. Ali bez obzira koja je vrsta zemlje, mi možemo da je načinimo dobrom zemljom ako je revnosno oremo. Slično tome, važnija stvar je koliko je revnosno oremo radije nego kakvu vrstu srca-polja mi imamo.

Čak i veoma grubo i neplodno zemljište može da se kultiviše u polje sa dobrom zemljom ako ga farmer veoma revnosno izore. Slično tome, srce-polje ljudi može da se promeni uz Božju pomoć. Čak i oštra srca kao sporedni putevi mogu da se izoru uz pomoć Svetog Duha.

Naravno, dobijanjem Svetog Duha ne mora odmah da znači da će se naše srce automatski promeniti. Mora da postoji takođe i naš napor. Mi moramo da pokušamo da se molimo učestalo, da pokušamo da mislimo u istini u svemu i da pokušamo da praktikujemo istinu. Mi ne smemo da odustanemo nakon što smo pokušali nekoliko nedelja ili čak i nekoliko meseci, već moramo da nastavimo da pokušavamo.

Bog razmatra naše napore pre nego nam On daje Njegovu milost i moć i pomoć Svetog Duha. Ako mi zadržimo u mislima šta treba da promenimo i u stvari i promenimo ove osobine uz milost i moć Božju i uz pomoć Svetog Duha, onda ćemo mi postati apsolutno promenjeni posle godinu dana. Mi ćemo govoriti dobre reči prateći istinu i naše misli će se promeniti u dobre misli koje jesu od istine.

Do mere da smo izorali naše srce-polje u dobro zemljište, drugi plodovi Svetog Duha će se takođe gajiti u nama. Posebno, krotkost se blizu odnosi na kultivaciju našeg srca-polja. Ukoliko ne iščupamo razne neistine kao što su karakter, mržnja, ljutnja, pohlepa, svađe, hvaljenje i samopravednost, mi ne možemo da imamo krotkost. Onda, druge duše ne mogu da pronađu mir u nama.

Iz ovog razloga krotkost se više odnosi na svetost nego na druge plodove Svetog Duha. Mi možemo brzo da dobijemo ono što smo tražili u molitvama kao dobro zemljište koje proizvodi plodove, ako kultivišemo duhovnu krotkost. Mi ćemo takođe moći da čujemo jasno glas Svetog Duha, tako da možemo na prikladan način da budemo vođeni u svim stvarima.

Blagoslovi za krotke

Nije lako voditi kompaniju sa hiljade zaposlenih. Čak iako ste postali vođa grupe na izborima, nije lako voditi celu grupu. Da bi mogao da ujedini mnogo ljudi i da ih vodi, pojedinac mora da okupi srca ljudi kroz duhovnu krotkost.

Naravno, ljudi će možda pratiti one koji imaju moć ili one koji su bogati i izgleda da će pomoći u nevolji u svetu. Korejanska poslovica kaže: „Kada ministrov pas umre, nastaje poplava ožalošćenih, a kada sam ministar umre, ne postoji nijedan ožalošćen." Kao što je ovde rečeno, mi možemo da vidimo da li osoba zaista ima kvalitet krotkosti kada izgubi svoju moć i bogatstvo. Kada je osoba bogata i moćna, ljudi ga onda prate, ali teško da može da se nađe neko ko će ostati sa njim do kraja čak i kada izgubi svu svoju moć i bogatstvo.

Ali on koji ima vrline i krotkost je praćen od mnogih ljudi čak i kada izgubi njegovu moć i bogatstvo. Oni njega prate ne zbog materijalne dobiti već da bi našli u njemu mir.

Čak i u crkvi, neke vođe kažu da je teško zato što ne mogu da prihvate i zagrle samo šaku članova ćelije grupe. Ako oni žele da imaju oživljavanje u svojoj grupi, oni prvo moraju da kultivišu krotko srce koje je meko kao pamuk. Onda, članovi će naći mir u svojim vođama, uživaće u miru i radosti, tako da će oživljavanje odmah uslediti. Pastori i sveštenici moraju da budu veoma krotki i da prihvate mnogo duša.

Postoje blagoslovi dati krotkima. Jevanđelju po Mateju 5:5 kaže: „*Blagosloveni su krotki, jer će naslediti zemlju.*" Kao što je ranije spomenuto, naslediti zemlju ne znači da ćemo mi dobiti zemlju na ovoj zemlji. To znači da ćemo dobiti zemlju na Nebu do mere da smo kultivisali duhovnu krotkost u našim srcima. Mi ćemo dobiti dovoljno veliku kuću na Nebu tako da mi možemo da pozovemo svaku dušu koja je pronašla mir u nama.

Dobiti tako veliko mesto boravka na Nebu takođe znači da ćemo mi takođe biti u počastvovanoj poziciji. Čak iako imamo veliko parče zemlje na Zemlji, mi to ne možemo odneti na Nebo. Ali zemlja koju ćemo dobiti na Nebu kultivisanjem krotkog srca biće naše nasleđe koje nikada neće nestati. Mi ćemo uživati u večnoj radosti na našem mestu zajedno sa Gospodom i sa našim voljenim.

Prema tome, ja se nadama da ćete vi revnosno uzorati vaše srce da bi gajili prelepi plod krotkosti, kako bi mogli da nasledite veliko parče zemlje kao vaše nasleđe u nebeskom kraljevstvu kao što Mojsije ima.

1 Poslanica Korinćanima 9:25

„Svaki pak koji se takmiči

u igrama vrši samokontrolu u svim stvarima.

Oni dakle da dobiju raspadljiv venac,

a mi neraspadljiv."

Poglavlje 10

Uzdržanje

Uzdržanje je potrebno u svim životnim aspektima

Uzdržanje, osnova za Božju decu

Uzdržanje usavršava plodove Svetog Duha

Dokazi da se plodovi uzdržanja gaje

Ako želite da gajite plod uzdržanja

Uzdržanje

Maraton je trka na 42,195 km (26 milja i 385 jardi). Trkač mora da uskladi svoj tempo kako bi došao do cilja. To nije kratka trka koja se brzo završava, tako da oni moraju da ne trče nasumično u punoj brzini. Oni moraju da održavaju stalni tempo tokom cele trke i kada dođu do odgovarajuće tačke onda mogu da daju zadnji mlaz energije.

Isti princip je primenjen i u našim životima. Mi moramo da budemo postojano verni do kraja naše trke u veri i da pobedimo u borbi protiv nas samih kako bi dobili pobedu. Štaviše, oni koji hoće da dobiju divne krune u nebeskom kraljevstvu moraju da budu sposobni da ispoljavaju uzdržanje u svim stvarima.

Uzdržanje je potrebno u svim životnim aspektima

Mi vidimo na ovom svetu da oni koji nemaju uzdržanje čine svoje živote komplikovanim i sami sebi uzrokuju nevolje. Na primer, ako roditelji daju previše ljubavi svom sinu samo zato što je jedinac, vrlo je moguće da će to dete biti upropašćeno. Takođe, bez obzira što znaju da treba da vode i da se brinu o svojim porodicama, oni koji su skloni kockanju ili drugim vrstama zadovoljstva uništavaju svoje porodice zato što ne mogu sebe da kontrolišu. Oni kažu: „Ovo će biti zadnji put. Neću više to činiti" ali zadnji put nastavlja da se događa iznova i iznova.

U najpoznatijoj istorijskoj Kineskoj seriji Romansa o tir kraljevstva, Zang Feji (Zhang Fei) je prepun ljubavi i hrabrosti, ali je temperamentan i agresivan. Liu Bej (Liu Bei) i Guan Ju (Guan Yu), koji su se zakleli na bratstvo sa njim su uvek bili zabrinuti da će u nekom momentu uraditi grešku. Zang Fej je dobijao mnogo saveta ali nije mogao baš da promeni svoje osobine. Na kraju, on se suočio sa problemima zbog svoje preke naravi. On je tukao i prebijao njegove potčinjene koji nisu ispunjavali njegova očekivanja i dva čoveka koja su smatrala da su pogrešno optužena pobunili su se protiv njega, ubili ga i predali su se neprijateljskom kampu.

Slično tome, oni koji ne mogu da kontrolišu svoju narav povređuju osećanja mnogih ljudi kod kuće i na poslu. Lako je za njih da uzrokuju neprijateljstvo između njih i drugih ljudi i zbog toga oni verovatno neće da vode uspešan život. Ali oni koji su mudri staviće svu sramotu na sebe i podnosiće svakoga čak i u neprijatnim i provokativnim situacijama. Čak iako drugi čine velike greške, oni će kontrolisati svoju narav i omekšaće srca drugih sa prijatnim rečima. Takva dela su mudra dela i okupiće srca mnogih ljudi i doprineće njihovim životima da cvetaju.

Uzdržanje, osnova za Božju decu

Većini u osnovi, nama, kao Božjoj deci, treba uzdržanje kako bi odbacili grehove. Što manje uzdržanja imamo, teže ćemo se osećati u odbacivanju grehova. Kada mi slušamo Reč Božju i dobijamo milost Božju, mi se predomišljamo u menjanju sebe ali i dalje možemo da budemo uhvaćeni od sveta.

Mi možemo ovo da vidimo iz reči koje dolaze iz naših ustiju. Mnogi ljudi se mole da njihova usta budu sveta i savršena. Ali u njihovim životima, oni zaboravljaju za šta su se molili i samo govore ono što su želeli prateći stare navike. Kada oni vide da se nešto događa što im je teško da razumeju jer ide suprotno onome što su mislili ili verovali, neki ljudi uskoro gunđaju ili se žale o tome.

Oni će možda zažaliti nakon što se žale, ali oni ne mogu da kontrolišu sebe kada su pomešane njihove emocije. Takođe, neki ljudi vole kada govore toliko mnogo da ne mogu sebe da zaustave u pričanju. Oni nemaju razliku između reči istine i neistine ili u stvarima koje bi trebali reći ili ne, tako da oni čine mnogo grešaka.

Mi možemo da razumemo koliko je važna samokontrola samo kada vidimo ove činjenice u kontroli naših reči.

Uzdržanje usavršava plodove Svetog Duha

Ali plod uzdržanja kao jedan od plodova Svetog Duha, se ne odnosi jednostavno na sopstvenu kontrolu u izvršenju grehova. Uzdržanje kao jedno od plodova Svetog Duha kontroliše ostale plodove Svetog Duha kako bi postali savršeni. Iz ovog razloga, prvo plod Svetog Duha je ljubav a poslednji je uzdržanje. Uzdržanje je relativno manje primetna od ostalih plodova, ali je veoma važna. Ona kontroliše sve tako da može da postoji stabilnost, organizacija i konkretnost. Ona je spomenuta kao zadnja među plodovima Svetog Duha zato što svi drugi plodovi mogu da budu savršeni kroz uzdržanje.

Na primer, čak iako imamo plod radosti, mi ne možemo samo da izrazimo našu radost bilo gde i u bilo koje vreme. Kada su drugi ljudi ožalošćeni za vreme sahrane ako vi imate veliki osmeh na licu, šta bi oni rekli na to? Oni neće reći da ste graciozni zato što gajite plod radosti. Čak iako je radost za spasenje toliko velika, mi moramo da je kontrolišemo u skladu sa situacijom. Na ovaj način mi možemo da je načinimo stvarnim plodom Svetog Duha.

Veoma je važno da imamo i uzdržanje kada smo takođe odani Bogu. Naročito, ako imate mnogo dužnosti, vi morate da izdvojite svoje vreme na pravi način kako bi mogli da budete tamo gde treba da budete u najpotrebnije i najprikladnije vreme. Čak i kada je najodređeniji sastanak najmilosniji, vi treba da ga završite kada treba da se završi. Slično tome, da bi bili verni celoj Božjoj kući, nama je potreban plod uzdržanja.

Isto je i sa drugim plodovima Svetog Duha, uključujući ljubav, milost, dobrotu itd. Kada se plodovi koji su gajeni u srcu pokažu u delima, mi moramo da pratimo vođstvo Svetog Duha da bi ih učinili najprikladnijim. Kao prioritet možemo da uradimo dela koja prva treba da uradimo i ona koja mogu biti kasnije urađena. Mi možemo da odredimo da li da idemo unapred ili jedan korak nazad. Mi možemo da imamo ovo razlikovanje kroz ovaj plod uzdržanja.

Ako neko gaji ovaj plod Svetog Duha u potpunosti, to znači da on prati želje Svetog Duha u svim stvarima. Kako bi mogli da pratimo želje Svetog Duha i da delujemo savršeno, mi moramo da imamo plod uzdržanja. Zbog toga mi kažemo da su svi plodovi Svetog Duha potpuni kroz ovaj plod uzdržanja, poslednji plod.

Dokazi da se plodovi uzdržanja gaje

Kada su drugi plodovi koje gajimo u srcu prikazani sa spolja, plod uzdržanja postaje kao presudni centar koji pruža harmoniju i red. Čak i kada uzimamo nešto dobro u Gospodu, ali uzimanje svega nije uvek najbolje. Mi govorimo nešto što je mnogo gore od nečega što je suvišno. U duhu, takođe, mi moramo da radimo sve umereno prateći želje Svetog Duha.

Sada, dozvolite mi da objasnim kako plod uzdržanja može biti prikazan do detalja.

Prvo, mi ćemo pratiti red ili hijerarhiju u svim stvarima.

Razumevanjem naše pozicije u redu, mi ćemo razumeti kada treba da činimo ili ne i reči koje treba ili ne da izgovorimo. Onda, neće postojati rasprave, svađe niti nerazumevanje. Takođe, mi nećemo raditi ništa što je neprikladno niti stvari koje su van našeg položaja. Na primer, pretpostavimo da vođa misionarske grupe traži od administratora da uradi određeni posao. Administrator je prepun strasti i on misli da ima bolje ideje i oseća da je njegova ideja bolja tako da je promenio neke stvari po svom nahođenju i uradio posao u skladu sa tim. Onda, čak iako je uradio posao sa mnogo strasti on nije održao red i promenio je stvari zbog nedostatka uzdržanja.

Bog može mnogo da nas nagradi kada mi pratimo red u skladu sa različitim pozicijama u misionarskom grupama crkve, kao što je predsednik, pod predsednik, administrator, sekretar ili blagajnik. Naše vođe možda imaju različite puteve u obavljanju stvari nego što su naši. Onda, iako naši putevi izgledaju mnogo bolje i verovatno bi dobili mnogo više plodova, mi ne možemo da gajimo dobre plodove ako je red i mir narušen. Sotona uvek interveniše kada je mir narušen i Božja dela će biti sprečena. Osim ako su određena dela potpuno neistina, mi moramo da mislimo na celu grupu i da slušamo i sledimo mir u skladu sa redom kako bi sve moglo da bude dobro urađeno.

Drugo mi možemo da razmotrimo stav, vreme i lokaciju čak i kada uradimo nešto dobro.

Na primer, uzvikivanje u molitvama je nešto dobro ali ako vi uzvikujete na bilo kakvom mestom bez diskrecije, to će možda osramotiti Boga. Takođe, kada vi propovedate jevanđelje ili posećujete članove da bi ponudili duhovno vođstvo, vi morate da imate to razlikovanje u rečima kada govorite. Čak iako vi razumete neke duboke duhovne stvari, vi ne možete samo tako da ih širite svakome. Ako vi prenosite nešto što se ne uklapa sa slušaocem i njegovom merom vere, onda to može da uzrokuje da ta osoba pogreši ili da širi optužbe i osude.

U nekim slučajevima, osoba može da da svoje svedočenje ili da prenese ono što je duhovno razumeo drugim ljudima koji su zauzeti drugim poslovima. Iako je sadržaj veoma dobar, on ne može zaista da poduči druge ukoliko to nije preneseno u prikladnoj situaciji. Iako će ga drugi čuti da ga ne bi uvredili, oni ne mogu zaista da obrate pažnju na svedočenje zato što su zauzeti i nervozni. Dozvolite mi da vam dam drugi primer. Ako cela parohija ili grupa ljudi ima sastanak sa mnom zbog konsultacija, ako jedna osoba nastavlja da govori svoja svedočenja, šta će se dogoditi na tom sastanku? Ta osoba daje slavu Bogu zato što je ispunjena sa milošću i Duhom. Ali kao ishod svega, ovaj pojedinac lično koristi svo vreme koje je izdvojeno za celu grupu. Ovo je zbog nedostatka uzdržanja. Čak iako nešto radite veoma dobro, vi treba da razmotrite sve vrste situacija i da imate uzdržanje.

Treće, mi smo nestrpljivi ili u žurbi ali staloženi tako da možemo da reagujemo u svakoj situaciji sa razumevanjem.

Oni koji nemaju uzdržanje su nestrpljivi i nemaju obzira prema drugima. Kako oni žure, oni imaju nedostatak moći u razlikovanju i propustiće neke važne stvari. Oni užurbano šire osude i optužbe prema drugima koje uzrokuju neugodnost među drugim ljudima. Za one koji su nestrpljivi kada slušaju ili odgovaraju drugima, oni čine mnogo grešaka. Mi ne treba nestrpljivo da prekidamo dok neko drugi govori. Mi bi trebali da pažljivo slušamo sve do kraja kako bi izbegli prebrze zaključke. Šta više, na ovaj način mi možemo da razumemo nameru te osobe i da u skladu sa time odreagujemo.

Pre nego što je primio Svetog Duha, Petar je imao nestrpljiv i brz karakter. On je očajnički pokušavao da kontroliše sebe ispred Isusa, ali čak i tada ponekad bi se otkrio njegov karakter. Kada je Isus rekao Petru da će ga izdati pre razapeća, Petar je odmah poreko šta je Isus rekao, govoreći da nikada neće izdati Gospoda.

Da je Petar imao plod uzdržanja, on se ne bi ne samo složio sa Isusom već bi pokušao da pronađe ispravan odgovor. Da je znao da je Isus Sin Božji i da On nikada ne bi rekao nešto beznačajno, on bi zadržao Isusove reči u njegovim mislima. Na taj način, on bi bio dovoljno oprezan da se to ne desi. Prikladno razlikovanje koje nam omogućava da na prikladan način reagujemo potiče iz uzdržanja.

Jevreji su imali veliki ponos u sebi. Oni su bili toliko ponosni da su precizno održavali Zakon Božji. I pošto je Isus prekorio

Fariseje i Sadukeje koji su bili političke i verske vođe, oni ne bi imali osećanja naklonosti prema Njemu. Naročito, kada je Isus rekao da je On Sin Božji, oni su to smatrali bogohuljenje. U to vreme praznik koliba je bio blizu. Za vreme žetve, oni su postavljali kolibe da bi se setili Izlazka i da bi zahvaljivali Bogu. Ljudi bi obično išli u Jerusalim da bi proslavili festival.

Ali Isus nije išao u Jerusalim iako se bližio praznik i Njegova braća su Mu naređivala da ide u Jerusalim, da pokaže čuda i da otkrije Sebe kako bi zadobio podršku ljudi (Jevanđelje po Jovanu 7:3-5). Oni kažu: „*Jer niko ne čini šta tajno, a sam traži da je poznat*" (stih 4). Čak iako se nešto smatra opravdanim, to nema nikakve veze sa Bogom ukoliko to nije Njegova volja. Zbog njihovih sopstvenih mišljenja, čak i braća Isusa nisu smatrala da je to ispravno kada su videli da Isus čeka na Njegovo vreme u tišini.

Da Isus nije imao uzdržanje, On bi otišao u Jerusalim odmah da Sebe otkrije. Ali on nije bio uznemiren rečima Njegove braće. On je samo čekao na prikladno vreme i da proviđenje Božje bude otkriveno. I onda je On otišao u Jerusalim tiho i nezapaženo među ljudima kada su sva braća već otišla u Jerusalim. On je radio po volji Božjoj znajući tačno kada da ide a kada da ostane.

Ako želite da gajite plod uzdržanja

Kada mi razgovaramo sa drugima, mnogo puta su njihove reči i unutrašnjost u srcu različita. Neki pokušavaju da otkriju druge ljudske greške kako bi svoje sopstvene prikrili. Oni možda traže nešto da bi ispunili svoju pohlepu ali to traže kao da je to zahtev za nekoga drugog. Oni čini se da pokušavaju da postave pitanje da bi razumeli volju Božju ali u stvari, oni pokušavaju da izvuku odgovor koji žele. Ali ako smireno razgovarate sa njima, mi možemo da vidimo kako se njihova srca na kraju otkrivaju.

Oni koji imaju uzdržanje neće biti lako uznemireni od reči drugih ljudi. Oni smireno mogu da slušaju druge i da razaznaju istinu sa rečima Svetog Duha. Ako oni razlikuju sa uzdržanjem i sa odgovorima, oni mogu da umanje mnogo grešaka koje mogu da bude uzrokovane pogrešnim odlukama. Do te mere, oni će imati vlast i težinu u svojim rečima tako da njihove reči mogu da imaju veliki uticaj na druge. Sada, kako mi možemo da gajimo ovaj važan plod uzdržanja?

Prvo, mi moramo da imamo nepromenljivo srce.

Mi moramo da kultivišemo iskreno srce koje nema laž i lukavstvo. Onda mi možemo da imamo moć da uradimo ono što smo odlučili. Naravno, mi ne možemo preko noći da kultivišemo ovu vrstu srca. Mi moramo da nastavimo da sami sebe treniramo, počev od toga da održavamo naša srca u malim stvarima.

Postojao je izvesni majstor sa svojim šegrtima. Jednog dana oni su prolazili kroz pijacu i neki od trgovaca na pijaci su imali nesporazume sa njima i raspravljali su se sa njima. Učenici su se razbesneli i ulazili su u rasprave, ali majstor je bio miran. Nakon što su se vratili sa pijace, on je izvadio iz škrinje svežanj pisama. Pisma su sadržala kritike bez osnova i on je to pokazao njegovim učenicima.

Onda je on rekao: „Ja ne mogu da izbegnem da ne budem neshvaćen. Ali ja ne marim što nisam shvaćen od drugih ljudi. Ja ne mogu da izbegnem prvu nečistotu koja dolazi do mene, ali ja mogu ipak da izbegnem glupost u drugoj nečistoti."

Ovde, prva nečistota je postati predmet ogovaranja od strane drugih ljudi. Druga nečistota je imati neprijatna osećanja i ulaziti u rasprave i svađe zbog takvog ogovaranja.

Ako mi imamo srce koje je kao kod majstora, mi nećemo biti uznemireni u bilo kojoj situaciji. Već radije ćemo moći da zadržimo da naša srce i život budu u miru. Oni koji mogu da da suzdrže svoje srce mogu da kontrolišu sebe u svemu. Do mere da smo odbacili sve vrste zla kao što su mržnja, ljutnja i ljubomora nama može da se veruje od strane Boga i možemo da budemo voljeni.

Stvari kojima su me moji roditelji naučili u mom detinjstvu su mi veoma mnogo pomogle u mojoj pastorskoj službi. Dok sam učio pravilan način govora, hodanja, pravilnog manira i ponašanja, ja sam naučio da uzdržavam svoje srce i da sebe kontrolišem. Jednom kada se predomislimo, mi toga treba da se pridržavamo i da to ne menjamo prateći sopstvenu korist. Kako mi nagomilavamo takav napor, mi ćemo na kraju imati nepromenljivo srce i gajićemo moć uzdržanja.

Sledeće, mi moramo da treniramo sebe da bi slušali želje Svetog Duha a da prvo ne ne uzimamo u obzir naše mišljenje.

Do mere da mo naučili Reč Božju, Sveti Duh nam dozvoljava da čujemo Njegov glas kroz Reč koju smo naučili. Čak iako smo pogrešno optuženi, Sveti Duh nam govori da oprostimo i da volimo. Onda, mi možemo da mislimo: „Ova osoba ima sigurno razloga što ovo radi. Ja ću pokušati da učinim da njegovo nerazumevanje nestane misleći o njemu na prijateljski način. Ali ako je naše srce prepuno neistine, mi ćemo najpre čuti glas Sotone. „Ako ga ostavim na miru, on će nastaviti da me gleda. Moram da ga naučim pameti." Čak iako možemo da čujemo glas Svetog Duha, nama će to promaći zato što je to veoma slabo naspram preobilnih zlih misli.

Prema tome, mi možemo da čujemo glas Svetog Duha kada revnosno odbacimo neistinu koja je u našim srcima i održavamo Reč Božju u našim srcima. Mi ćemo moći da čujemo glas Svetog Duha još više kako se povinujemo čak i slabom glasu Duha. Mi treba da pokušamo da najpre čujemo glas Svetog Duha radije nego kada je hitnije ono što mislimo i kada mislimo da je dobro. Onda, kako čujemo Njegov glas i dobijemo Njegovo naređenje, mi treba da mu se povinujemo i da počnemo da to praktikujemo. Kako mi treniramo sebe da bi obratili pažnju i da se povinujemo željama Svetog Duha sve vreme, mi ćemo moći da razaznamo čak i najslabiji glas Svetog Duha. Onda, mi ćemo moći da imamo harmoniju u svemu.

U najmanjem smislu, to će možda izgledati da uzdržanje ima najslabiji karakter među svih devet plodova Svetog Duha. Međutim, neophodno je među svim različitim plodovima. Uzdržanje je to koje kontroliše svih preostalih osam plodova Svetog Duha: ljubav, radost, mir, trpljenje, dobrota, milost, veru i krotkost. Šta više, ostalih osam plodova će biti kompletni sa plodom uzdržanja i iz ovog razloga poslednji plod uzdržanja je važan.

Svako od ovih plodova Svetog Duha je mnogo dragoceniji i mnogo lepši od bilo kog dragog kamena na ovom svetu. Mi možemo da dobijemo sve što potražimo u molitvama i mi ćemo napredovati u svim stvarima ako gajimo plodove Svetog Duha. Mi takođe možemo da otkrijemo slavu Božju manifestujući moć i vlast Svetlosti na ovom svetu. Ja se nadam da ćete žuditi da posedujete plodove Svetog Duha više nego za bilo kojim blagom na ovom svetu.

Poslanica Galaćanima 5:22-23

A rod je duhovni

ljubav, radost, mir, trpljenje,

dobrota, milost, vera,

Protiv takvih stvari nema zakona.

Poglavlje 11

Protiv takvih stvari nema zakona

Jer ste pozvani na slobodu

Po Duhu hodite

Prvi od devet plodova ljubavi

Protiv takvih stvari nema zakona

Protiv takvih stvari nema zakona

Apostol Pavle je bio Jevrejin nad Jevrejima i on je išao u Damask da hapsi hrišćanine. Na njegovom putu, on je sreo Gospoda i pokajao se. On nije shvatio istinu jevanđelja u kojoj je jedan spašen kroz veru u Isusa Hrista u to vreme, ali nakon što je dobio dar Svetog Duha on je došao da vodi jevanđelje kod neznabožca pod vođstvom Svetog Duha.

Devet plodova Svetog Duha je zapisano u poglavlju 5. knjiga Galaćanima, što je jedna od njegovih Poslanica. Ako mi razumemo situaciju tog vremena, mi možemo da razumemo razlog zašto je Pavle napisao Poslanicu Galaćanima i koliko je važno za hrišćanine da gaje plodove Duha.

Jer ste pozvani na slobodu

Na svom prvom misionarskom putu, Pavle je otišao u Galatiju. U sinagogi, on nije propovedao Mojsijev Zakon i obrezivanje, već samo jevanđelje Isusa Hrista. Njegove reči su bile potvrđene sa pratećim znakovima i mnogi ljudi su došli do spasenja. Vernici u crkvi Galatije su ga voleli toliko mnogo da su, da je bilo moguće sami sebi izvadili oči i dali bi ih Pavlu.

Nakon što je Pavle završio njegov prvi misionarski put i vratio se u Antiohiju, problem je narastao u crkvi. Neki ljudi su došli iz Judeje i misleli su da neznabožci moraju da se obrezuju da bi dobili spasenje. Pavle i Varnava su imali velike svađe i rasprave sa njima.

Braća su tvrdila da Pavle i Varnava i nekoliko još drugih trebaju da idu čak do Jerusalima do apostola i sveštenika u vezi ovog pitanja. Oni su osetili potrebu da dođu do zaključka o

Mojsijevom Zakonu dok su propovedali jevanđelje neznabožcima u obe crkve i Antiohiji i Galatiji.

Dela Apostolska, poglavlje 15. opisuje situaciju pre i posle Konzilijuma i iz njega mi možemo da vidimo koliko je bila ozbiljna situacija u tom vremenu. Apostoli, koji su bili učenici Isusa i sveštenici i predstavnici crkava su se okupili i imali su mučnu raspravu i oni su zaključili da neznabožci trebaju da se odreknu od stvari koje su sadržane od idola i od bluda i od onoga što je zadavljeno od krvi.

Oni su poslali čoveka u Antiohiju da odnese pismo koje je napisano sa zaključkom Konzilijuma, zato što je Antiohija bila centar mesta evangelizacije neznabožaca. Oni su dali malo slobode neznabožcima u održavanju Mojsijevog Zakona zato što bi bilo malo teško za njih da održavaju Zakon samo kao Jevreji. Na ovaj način, svaki neznabožac je mogao da dobije spasenje verovanjem u Isusa Hrista.

Dela Apostolska 15:28-29 kažu: „*Jer nađe za dobro Sveti Duh i mi da nikakvih tegoba više ne mećemo na vas osim ovih potrebnih; da se čuvate od priloga idolskih i od krvi i od udavljenog i od kurvarstva, i šta nećete da se čini vama ne činite drugima; od čega ako se čuvate, dobro ćete činiti. Budite zdravi.*“

Zaključak Konzilijuma Jerusalima je prenet crkvama ali oni koji nisu razumeli istinu jevanđelja i put krsta nastavili su da uče u crkvama da vernici moraju da održavaju Mojsijev Zakon. Neki lažni proroci su takođe ulazili u crkve i uznemiravali su vernike kritikujući apostola Pavla koji je učio o Zakonu.

Kada se takav slučaj dogodio u crkvi u Galatiji, Pavle apostol je objašnjavao o iskrenoj slobodi hrišćana u svom pismu. Govorivši da je nastavio da održava Mojsijev Zakon veoma tačno ali postao je apostol za Jevreje nakon što je sreo Gospoda, on je naučio Njih istinom jevanđelja govoreći im: *„Ovo jedno hoću od vas da doznam, ili Duha primiste kroz dela zakona ili kroz čuvenje vere? Tako li ste nerazumni? Počevši Duhom, sad telom svršujete? Tako li uzalud postradaste, kad bi bilo samo uzalud? Koji vam dakle daje Duha i čini čudesa među vama, čini li delima zakona ili čuvenjem vere?"* (Poslanica Galaćanima 3:2-5).

On je tvrdio da jevanđelje Isusa Hrista koje je on učio je istina zato što je to otkrivenje od Boga i razlog zbog koga neznabožci ne moraju da obrezuju svoje telo je zato što je važnije da preobrate njihova srca. On ih je takođe učio o željama mesa i onima od Svetog Duha i o delima mesa i plodovima Svetog Duha. To je da bi im dozvolio da razumeju kako treba da iskoriste njihovu slobodu koju su dostigli kroz istinu jevanđelja.

Po Duhu hodite

Onda, iz kog razloga je Bog dao Mojsijev zakon? To je zato što su ljudi zli i ne prepoznaju greh kao greh. Bog im je dozvolio da razumeju grehove i dozvolio im je da rešavaju probleme grehova i da dostignu pravednost Božju. Ali problem grehova ne može u potpunosti da bude rešen sa delima Zakona i iz ovog razloga, Bog dozvoljava ljudima da dostignu pravednost Božju kroz veru u Isusa Hrista. U Poslanici Galaćanima 3:13-14 čitamo: *„Hristos je nas iskupio od kletve zakonske postavši za nas kletva, jer je pisano: 'Proklet svaki koji visi na drvetu,' da među neznabošcima bude* *blagoslov Avramov u Hristu Isusu, da obećanje Duha primimo kroz veru.*"

Ali to ne znači da je Zakon bio utvrđen. Isus je rekao u Jevanđelju po Mateju 5:17: „*Ne mislite da sam ja došao da pokvarim zakon ili proroke: nisam došao da pokvarim, nego da ispunim*" i rekao je u sledećem stihu 20: „*Jer vam kažem da ako ne bude veća pravda vaša nego književnika i fariseja, nećete ući u carstvo nebesko.*"

Apostol Pavle je rekao vernicima u Galaćanskoj crkvi: „*Dečice moja, koju opet s mukom rađam, dokle Hristovo obličje ne postane u vama*" (Poslanica Galaćanima 4:19), i u zaključku on ih je savetovao govoreći im: „*Jer ste vi, braćo, na slobodu pozvani: samo da vaša sloboda ne bude na želju telesnu, nego iz ljubavi služite jedan drugom. Jer se sav zakon izvršuje u jednoj reči, to jest: 'Ljubi bližnjeg svog kao sebe' Ali ako se među sobom koljete i jedete, gledajte da jedan drugog ne istrebite*" (Poslanica Galaćanima 5:13-15).

Kao deca Božja koja su dobila Svetog Duha, šta mi treba da uradimo kako bi služili jedan drugome kroz ljubav sve dok se Hrist ne oblikuje u nama? Mi treba da hodamo po Duhu kako ne bi morali da nosimo želje mesa. Mi možemo da volimo naše komšije i da imamo oblik Hrista u nama ako gajimo devet plodova Svetog Duha kroz Njegovo vođstvo.

Isus Hrist je dobio prokletstvo Zakona i umro je na krstu iako je On bio nevin i kroz Njega mi smo dostigli spasenje. Kako mi ne bi postali robovi grehova ponovo, mi moramo da gajimo plodove Duha.

Ako mi počinimo grehove ponovo sa ovom slobodom i

razapnemo Gospoda opet ponovo čineći dela mesa, mi nećemo naslediti Božje kraljevstvo. Suprotno tome, ako gajimo plodove Duha hodajući u Duhu, Bog će nas zaštititi tako da neprijatelj đavo i Sotona ne mogu da nam naude. Šta više, mi ćemo dobiti sve što zatražimo u molitvi.

> *„Ljubazni! Ako nam srce naše ne zazire, slobodu imamo pred Bogom; i šta god zaištemo, primićemo od Njega, jer zapovesti Njegove držimo i činimo šta je Njemu ugodno. I ovo je zapovest Njegova da verujemo u ime Sina Njegovog Isusa Hrista, i da ljubimo jedan drugog kao što nam je dao zapovest“* (1. Poslanica Jovanova 3:21-23).

> *„Znamo da nijedan koji je rođen od Boga, ne greši, nego koji je rođen od Boga čuva se, i nečastivi ne dohvata se do njega“* (1. Poslanica Jovanova 5:18).

Mi možemo da gajimo plod Duha i da uživamo u iskrenoj slobodi kao hrišćanin kada imamo veru da hodamo po Duhu i veru da činimo kroz ljubav.

Prvi od devet plodova ljubavi

Prvi od devet plodova Duha je ljubav. Ljubav kao u 1. Poslanici Korinćanima u poglavlju 13 je ljubav da kultivišemo duhovnu ljubav kao jedan od plodova Svetog Duha na najvišem nivou; ona je bezgranična i beskonačna ljubav koja ispunjava Zakon. To je ljubav Božja i Isus Hrist. Ako imamo ovu ljubav, mi možemo da žrtvujemo sebe u potpunosti uz pomoć Svetog Duha.

Mi možemo da gajimo plod radosti do mere da smo kultivisali ovu ljubav, tako da mi možemo da se radujemo i da nam bude milo u bilo kakvim okolnostima. Ovako, mi nećemo imati nikakav problem sa nikim tako da ćemo gajiti plod mira.

Kako mi vodimo mir sa Bogom, sa samim sobom i sa svim drugima, mi ćemo svakako gajiti plod strpljivosti. Vrsta strpljivosti koju Bog želi da mi imamo je da mi čak ne moramo ni da se nosimo sa ničim zato što imamo u potpunosti dobrotu i istinu u nama. Ako mi imamo iskrenu ljubav, mi možemo da razumemo i da prihvatimo bilo koju vrstu osobe bez da imamo bilo kakva loša osećanja. Prema tome, mi nećemo morati ni da praštamo ni da trpimo u našim srcima.

Kada smo mi strpljivi sa drugima u dobroti, mi ćemo gajiti plod milosti. Ako smo u dobroti strpljivi sa čak i onim ljudima koje ne možemo u stvari da razumemo, onda mi možemo pokažemo ovu milost prema njima. Čak iako oni rade stvari koje su u potpunosti van norme, mi ćemo razumeti njihove stavove i prihvatićemo ih.

Oni koji gaje plod milosti će takođe imati dobrotu. Oni će smatrati druge bolje nego što su oni sami i tražiće interese drugih kao i svoje sopstvene. Oni se neće svađati sa nikim i neće podizati svoj glas. Oni će imati srce Gospoda koji nije isekao pohabanu trsku ili je odbacio osobu kao fitilj koji tinja. Ako vi gajite ovakav plod dobrote vi nećete insistirati na sopstvenom mišljenju. Vu ćete biti samo verni celoj Božjoj kući i bićete krotki.

Oni koji su krotki neće postati kamen spoticanja nikome i oni mogu da imaju mir sa svakim. Oni poseduju velikodušno srce tako da oni neće širiti osude i optužbe već će samo razumeti i prihvatiti druge.

Kako bi mogli da gajimo plodove ljubavi, radosti, mira, trpljenja, dobrote, milosti, vere, krotkosti u harmoniji, mora da postoji i uzdržanje. Izobilje u Bogu je dobro ali Božja dela moraju da budu ispunjena prateći red. Nama treba uzdržanost da ne bi preterali u ničemu, čak iako je to nešto dobro. Kako mi pratimo volju Svetog Duha na ovaj način, Bog uzrokuje da svi rade zajedno za dobro.

Protiv takvih stvari nema zakona

Pomagač, Sveti Duh vodi Božju decu ka istini kako bi oni mogli da uživaju u iskrenoj slobodi i sreći. Iskrena sloboda od grehova i moć Sotone koji pokušava da nas zaustavi od služenja Bogu i uživanju u srećnom životu. To je takođe sreća zato što je stečeno zajednica sa Bogom.

Kao što je zapisano u Poslanici Rimljanima 8:2: *„Jer zakon Duha koji oživljava u Hristu Isusu, oprostio me je od zakona grehovnog i smrti,“* sloboda je ta koja se gaji samo kada verujemo u Isusa Hrista u našim srcima i kada hodamo u Svetlosti. Ova sloboda ne može da se dostigne ljudskom snagom. Ja nikada ne mogu da budem uspešan bez milosti Božje i to je blagoslov u kojem mi možemo stalno da uživamo sve dok održavamo našu veru.

Isus je takođe rekao u Jevanđelju po Jovanu 8:32: *„...i poznaćete istinu, i istina će vas izbaviti.“* Sloboda je istina i ona je nepromenljiva. Ona postaje život nama i vodi nas do večnog života. Ne postoji nijedna istina u ovom opakom i promenljivom svetu; samo nepromenljiva Reč Božja je istina. Da bi znali istinu jeste da naučimo Reč Božju, da je imamo u mislima i da je praktikujemo.

Ali možda neće uvek biti lako da praktikujemo istinu. Ljudi imaju neistinu koju su naučili pre nego što su spoznali Boga i takva neistina ih sprečava u praktikovanju istine. Zakon mesa koji želi da prati neistinu i zakon Duha života koji želi da prati istinu će voditi rat jedno protiv drugoga (Poslanica Galaćanima 5:17). Ovo je rat da bi se dostigla sloboda u istini. Ovaj rat će se nastaviti sve dok naša vera nije čvrsta i dok ne stanemo na kamen vere koji nikada ne može da se uznemiri.

Kako mi stanemo na kamen vere osećaćemo se da je mnogo lakše da se borimo u dobroj borbi. Kada mi odbacimo svo zlo i postanemo posvećeni, onda je to da na kraju možemo da uživamo u slobodi istine. Mi nećemo morati da se borimo u dobroj borbi više zato što ćemo sve vreme praktikovati istinu. Ako gajimo plodove Svetog Duha pod Njegovim vođstvom, niko ne može da nas zaustavi da imamo slobodu u istini.

Zbog toga u Poslanici Galaćanima 5:18 čitamo: *„Ako li vas duh vodi, niste pod zakonom,“* a u sledećim stihovima 22-23 čitamo: *„A rod je duhovni ljubav, radost, mir, trpljenje, dobrota, milost, vera; krotost, uzdržanje; na to nema zakona.“*

Poruka devet plodova Svetog Duha je kao ključ koji otvara vrata blagoslova. Ali samo zato što imamo ključ kapije blagoslova, samo vrata se neće otvoriti. Mi u stvari treba da stavimo ključ u bravu i da ih otvorimo a isto se odnosi i na Reč Božju. Bez obzira koliko čujemo, to nije u potpunosti naše. Mi možemo da dobijemo blagoslove sadržane u Reči Božjoj samo kada ih praktikujemo.

U Jevanđelju po Mateju 7:21se kaže: „*Neće svaki koji Mi govori: 'Gospode! Gospode!' Ući u carstvo nebesko; no koji čini po volji Oca Mog koji je na nebesima.*" Jakovljeva poslanica 1:25 kaže: „*Ali koji providi u savršeni zakon slobode i ostane u njemu, i ne bude zaboravni slušač, nego tvorac dela, onaj će biti blažen u delu svom.*"

Kako bi mi dobili Božju ljubav i blagoslove, važno je da razumemo koji su plodovi Svetog Duha, da ih imamo u mislima i da zaista gajimo te plodove praktikovanjem Reči Božje. Ako mi gajimo plodove Svetog Duha u potpunosti praktikovanjem potpune istine, mi ćemo uživati u radosti iskrene slobode u istini. Mi ćemo jasno čuti glas Svetog Duha i bićemo vođeni u svim našim putevima tako da ćemo mi napredovati u svim aspektima. Ja se molim u ime Gospoda da vi uživate u velikom poštovanju u oba i na ovoj zemlji i u Novom Jerusalimu, našom konačnom odredištu u veri.

Autor:

Dr. Džerok Li

Dr. Džerok Li je rođen u Muanu, Džeonam provinciji, Republika Koreja, 1943. god. U svojim dvadesetim, Dr. Li je sedam godina patio od mnoštva neizlečivih bolesti i iščekivao smrt bez nade za oporavak. Jednog dana u proleće 1974. god, njegova sestra ga je odvela u crkvu i kad je kleknuo da se pomoli, Živi Bog ga je momentalno izlečio od svih bolesti.

Od trenutka kad je Dr. Li sreo Živog Boga kroz to divno iskustvo, on je zavoleo Boga svim svojim srcem i iskrenošću, a u 1978. god., je pozvan da bude sluga Božji. Molio se revnosno da može jasno da razume volju Božju, u potpunosti je ispuni i posluša sve Reči Božje. Godine1982. je osnovao Manmin centralnu crkvu u Seulu, Koreja, i bezbrojna dela Božja, uključujući čudesna isceljenja i čuda, se dešavaju u njegovoj crkvi.

U 1986. god. Dr. Li je zaređen za pastora na godišnjem Zasedanju Isusove Sungkjul crkve Koreje, i četiri godine kasnije u 1990.god. njegove propovedi su počele da se emituju u Australiji, Rusiji, na Filipinima i mnogim drugim zemljama, preko Radiodifuzne kompanije Daleki Istok, Azija radiodifuzne kompanije i Vašingtonskog hrišćanskog radio sistema.

Tri godine kasnije, 1993.god., Manmin centralna crkva je izabrana za jednu od „Svetskih top 50 crkava" od strane magazina *Hrišćanski svet (Christian World)* (SAD), a on je primio počasni doktorat bogoslovlja od Koledža hrišćanske vere, Florida, SAD, i 1996.god. Doktorat iz Službe od Kingsvej teološke bogoslovije, Ajova, SAD.

Od 1993. god., dr. Li prednjači u svetskoj evangelizaciji kroz mnogo inostranih pohoda u Tanzaniji, Argentini, Los Anđelesu, Baltimoru, Havajima i Nju Jorku u Sjedinjenim Američkim Državama, Ugandi, Japanu, Pakistanu, Keniji, Filipinima, Hondurasu, Indiji, Rusiji, Nemačkoj, Peruu, Demokratskoj Republici Kongo, Izraelu i Estoniji.

U 2002-oj godini nazvan je „svetskim obnoviteljem" od strane glavnih hrišćanskih novina u Koreji zbog njegovih moćnih bogosluženja u različitim inostranim evangelističkim pohodima. Posebno tokom njegovog „Pohoda u

Nju Jork 2006-te godine " koji se održao u Medison Skver Gardenu (Madison Square Garden) najpoznatijoj svetskoj areni i emitovan je za 220 nacija a na njegovom „Ujedinjenom Izraelskom pohodu" održanom u Kongresnom centru u Jerusalimu on je hrabro rekao da je Isus Mesija i Spasioc. Njegove propovedi emitovane su za 176 nacija putem satelita uključujući GCN TV i bio je svrstan kao jedan od top 10 najuticajnijih hrišćanskih vođa 2009-e i 2010-e godine od strane popularnog Ruskog hrišćanskog časopisa *U pobedu (In Victory)* i nove agencije *Hrišćanski telegraf (Christian Telegraph)* za njegovu moćnu sveštenićku službu TV emitovanja i njegove inostrane crkveno pastorske službe.

Od oktobra 2018. god., Manmin Centralna Crkva ima zajednicu od preko 120.000 članova. Postoji 11 000 ogranaka crkve širom planete uključujući 56 domaćih ogranaka crkve i do sad više od 102 misionara su opunomoćena u 23 zemlje, uključujući Sjedinjene Države, Rusiju, Nemačku, Kanadu, Japan, Kinu, Francusku, Indiju, Keniju i mnoge druge.

Do datuma ovog izdanja Dr. Li je napisao 111 knjige, uključujući bestselere: *Probanje Večnog Života Pre Smrti, Moj Život, Moja Vera I i II, Poruka Sa Krsta, Mera Vere, Raj I& II, Pakao* i *Moć Božja.* Njegove knjige su prevedene na više od 76 jezika.

Njegove Hrišćanski rubrike se pojavljuju u *Hankok Ilbo, JongAng dnevniku, Dong-A Ilbo, Chosun Ilbo, Seul Šinmunu, Kjunghjang Šinmun, Hankjoreh Šinmun, Korejski ekonomski dnevnik, Koreja glasnik, Šisa vesti,* i *Hrišćanskoj štampi.*

Dr. Li je trenutno na čelu mnogih misionarskih organizacija i udruženja uključujući: predsedavajući, Ujedinjene svete crkve Isusa Hrista; stalni predsednik, Udruženje svetske hrišćanske preporodne službe; osnivač i predsednik odbora, Globalna hrišćanska mreža (GCN); osnivač i član odbora, Mreža svetskih hrišćanskih lekara (WCDN); i osnivač i član odbora, Manmin internacionalna bogoslovija (MIS).

Raj I & II

Detaljna skica predivne životne okoline u kojoj rajski stanovnici uživaju i prelepi opisi različitih nivoa nebeskih kraljevstva.

Poruka sa Krsta

Moćna probuđujuća poruka za sve ljude koji su duhovno uspavani! U ovoj knjizi naći ćete razlog da je Isus jedini Spasitelj i iskrenu ljubav Božju.

Pakao

Iskrena poruka celom čovečanstvu od Boga, koji ne želi da ijedna duša padne u dubine Pakla! Otkrićete nikad do sad otkriveni iskaz o okrutnoj stvarnosti Nižeg Hada i Pakla.

Duh, Duša i Telo I & II

Vodič koji nam daje duhovno objašnjenje duha, duše i tela i pomaže nam da pronađemo kakvog „sebe" smo mi načinili da bi mogli da dobijemo moć da pobedimo mrak i postanemo duhovna osoba.

Mera Vere

Kakvo mesto stanovanja, kruna i nagrade su spremne za vas na nebu? Ova knjiga obezbeđuje mudrost i smernice za vas da izmerite vašu veru i gajite najbolju i najzreliju veru.

Probuđeni Izrael

Zašto Bog upire Svoje oči na Izrael od početka sveta pa do današnjeg dana? Kakvo Njegovo proviđenje je spremljeno za Izrael u poslednjim danima, koji očekuje Mesiju?

Moj Život, Moja Vera I & II

Najmirisnija duhovna aroma izvučena iz života koji je cvetao sa neuporedivom ljubavlju za Boga, u sred crnih talasa, hladnih okova i najdubljeg očaja.

Moć Božja

Obavezno-pročitati, koja služi kao suštinski vodič po kojem čovek može posedovati pravu veru i iskusiti čudesnu moć Božju.

www.ingramcontent.com/pod-product-compliance
Lightning Source LLC
LaVergne TN
LVHW101918220826
846093LV00009B/296

* 9 7 9 1 1 2 6 3 0 5 8 1 0 *